历史的回音

——纪念许廷星教授《关于财政学的对象问题》出版60周年

LISHI DE HUIYIN

许廷星 等 著

西南财经大学出版社
·成都·

图书在版编目(CIP)数据

历史的回音——纪念许廷星教授《关于财政学的对象问题》出版60周年/许廷星等著.—成都:西南财经大学出版社,2018.5
ISBN 978-7-5504-3468-4

Ⅰ.①历… Ⅱ.①许… Ⅲ.①财政学—研究对象 Ⅳ.①F810

中国版本图书馆CIP数据核字(2018)第087748号

历史的回音——纪念许廷星教授《关于财政学的对象问题》出版60周年
许廷星 等 著

责任编辑:向小英
责任校对:涂洪波
封面设计:墨创文化
责任印制:朱曼丽

出版发行	西南财经大学出版社(四川省成都市光华村街55号)
网　　址	http://www.bookcj.com
电子邮件	bookcj@foxmail.com
邮政编码	610074
电　　话	028-87353785　87352368
照　　排	四川胜翔数码印务设计有限公司
印　　刷	四川五洲彩印有限责任公司
成品尺寸	165mm×235mm
印　　张	16.5
字　　数	193千字
版　　次	2018年5月第1版
印　　次	2018年5月第1次印刷
书　　号	ISBN 978-7-5504-3468-4
定　　价	96.00元

序言

许廷星教授1957年撰写的专著《关于财政学的对象问题》正式出版60周年了。书中第一次提出并系统地论述了我国“国家分配论”的基本内容。许廷星教授提出的两种属性分配关系和“国家分配论”，涵盖了“以国家为主体”“满足整个社会的共同需要”等丰富内容，为中国当代财政研究奠定了重要的理论基础，成为中国当代财政学发展史中的辉煌篇章，为我国财政学界留下了宝贵的财富，显示了中国学者的智慧和渊博思想。

新中国成立初期，我国经济学界几乎一致认为财政的本质是“货币运动”“货币基金”，把财政学的研究对象认定为“货币关系”。许廷星教授在做了大量的调查研究及深入细致的考察、论证后于1957年首先提出：“财政的对象，即财政的本质是人类社会发展诸阶段中，在一定的生产关系的规范下国家关于社会产品或国民收入分配与再分配过程中的分配关系。”这一独创性的研究成果是我国财政学研究对象和研究领域的一个重大突破，引起了广泛的关注和强烈的反响，国内学术界众多专家学者对此给予了高度评价。“国家分配论”这一理论学派的创立为我国财政基础理论研究和财政学建设奠定了坚实的基础。在国内诸多学界先贤的共同努力下，“国家分配论”得以不断夯实，日益发扬光大，从而成为我国较长时期内财政学界的主流观点。

20世纪80年代初，我国的经济体制改革正如火如荼地进行，“利改税”第一步与第二步开创了财政改革的新纪元。基于经济改革的发展与变化，许廷星教授又提出“两种属性的分配关系”理论，为全民所有制企业合理确定税收和利润两种形式的分配以及实行税利分流提供了理论依据，对于深化财政分配关系改革，不断完善财政运行机制，理解国家、企业与职工之间的经济利益关系具有重大的实践意义。

许老是西南财经大学教授，中国著名财政经济学家，国务院政府特殊津贴获得者。许老桃李满天下，很多已经成为高校和科研机构的学术带头人、政府财税部门的骨干以及企业的中坚力量。许老的所有学生和同事无不以许老的学术思想为骄傲，也为他专心治学，不唯书、不唯上、只唯实的治学精神所感动和鞭策。

为了弘扬学术传统，西南财经大学财政税务学院在许廷星教授撰写的专著《关于财政学的对象问题》正式出版60周年之际，将《关于财政学的对象问题》一书以及许老同行、好友与学生等撰写的文章，一并汇集成册以飨读者，期望我们一代又一代的财政研究者智慧的涓涓细流能够汇集成知识的海洋，共同为我国财政研究谱写新的篇章。

刘蓉

2017年10月8日

目录

关于財政学的对象問題

許廷星著

重慶人民出版社

序　　言

关于财政学对象問題的研究，开始于1955年的下期，而于1955年底和1956年初完成初稿。当时研究这个問題是从"貨幣关系"着手的，但在研究过程中发生很多問題不好解决，如歷代財政上的征实問題，并不表現为貨幣形态，是否就不算是財政？財政上的征实問題并不是人类社会发展史中偶然的歷史現象，不但在奴隸制社会的国家財政中有征实，就是在封建主义社会的国家財政中也有征实。在中国鴉片战争前夕的国家財政中还存在实物貢納和实物征收，如馬貢、狐皮貢、漕粮、漕耗等，在国家財政的歲出中，也还存在祿米制。如把"貨幣关系"当成財政規律來說明社会歷史发展諸階段中的財政，很难具有說服力。从貨幣关系立論，解决了这一社会形态的財政問題，但又不能解决另一社会形态的財政問題。貨幣关系僅是貨幣职能的表現形式，不容易从貨幣形式所表現的現象看出問題的內在关系。并且把貨幣現象說成是財政，也感覺得財政是漫無边际，無所不包，因而完成初稿后，自己感到很不滿意。

1956年暑假中，利用整个假期，重行加以研究。这次研究是在党提出了"百家爭鳴"的方針以后，因此大胆的从貨幣关系的圈子里鑽出來并从分配关系來試圖研究解决这个問題。暑假終了始寫成初稿，在1956年十月中經过科学討論会的辯

· 1 ·

論后，又在1956年底和1957年初重加补充修正，始成現在的定稿。

研究这个問題的目的，是企圖探索財政学这一門学科的对象問題。財政学包括人类社会各个发展階段的国家財政，并包括社会主义国民經济各部門的財务，在体系上又廣泛的包括了国家信貸、国家保險、国家預算等各个环節。这一門学科研究的对象是什么，就目前国內外的財政著作來看，还沒有一个令人滿意的結論。在国內的高等財經院校方面，在講授这門課程时，有些是在同一課程中有到兩个对象，如对前資本主义和資本主义的国家財政有对象，对社会主义国家的財政又另有一对象。使人感覚到在同一学科中有兩个对象总不是解决問題的办法。有些則把貨幣关系列为財政学的对象，但又不能概括人类社会发展各階段的財政。

苏联的財政学者在这个問題上也只是就社会歷史发展階段上某一社会形态的財政对象而言，并不是对所有社会形态国家的財政对象而言。而且就是在苏联財政的对象方面，也是言人人殊的。如在苏联教材“国家財政学講义”中，在苏斯里珂夫教授編寫的緒言“学科之对象及任务”中提到“財政关系并不同一于生產关系，而是依据于生產关系。在資本主义社会的这种关系，也是剝削階級的国家財政一課的对象”。在同書上冊第七講中对苏联国家財政学的对象又着重在財政关系的制度方面，如說：“苏联国家財政学的对象，是社会主义国家，按照它的任务和职能在国家与企業間，国家与人民間所組織的关系的制度……”。在同一書中，对資本主义及前資本主义国家財政的对象是財政关系，对苏联財政的对象是財政关系的制度。

此外，对于苏联財政的对象，在不同的著作中，提法也不一致。如A.M. 亞歷山大洛夫“苏联財政”上册緒言中說：“苏联財政課程的研究对象，乃是有关用來保証全国性的貨幣資財基金以及国营企業非集中貨幣資財基金的形成和使用的貨幣关系的理論，关于实現这些关系的方式和方法，以及它們在解决我国共產主义建設任务中的作用的理論”。阿·米·畢尔曼認为：“財政科学与其他一切科学一样，它所研究的对象也是在一定的自然或社会領域中——对財政科学來說就是客观存在的貨幣关系——客观存在的規律”。又說：“財政学課程的对象是：国家为了分配和再分配国民收入以建立为進行社会主义擴大再生產和满足社会共同需要所必需的資財而利用的国民經济中客观存在的貨幣关系”。（見畢尔曼：論財政科学及其各学科的对象。1955年“教学与研究”第十期，第36頁及37頁）

从上面可以看出，在“国家財政学”講义中对苏联財政对象的提法是財政关系或貨幣关系的制度；在“苏联財政”中的提法是貨幣关系的理論；畢尔曼的提法是利用貨幣关系。

因此，本書目的卻在試圖研究此問題，但僅系初步研究，尙不成熟，聊以抛磚引玉而已。如蒙讀者对本書惠賜敎言，請寄重慶人民出版社轉交著者，無任感謝。

1957年3月

·3·

一

馬克思列寧主义財政学是政治經济学的一个專門部分。“政治經济学是关于人們的社会生產关系即經济关系的发展的科学。”政治經济学“研究人类社会各个发展階段上社会的物質資料生產和分配的規律”。財政学則是生產諸关系中有关分配关系发展的科学，它研究人类社会各个发展階段上国家对社会產品或对国民收入分配及再分配的規律。

馬克思列寧主义財政学是屬于歷史范疇的科学，是运用辯証唯物主义的方法來研究人类社会各个发展階段有关国家職能所发生的分配关系底发生发展及其消亡的科学。財政学既然是歷史范疇的科学，它的研究对象就不能限于片断歷史的財政关系，而应研究人类社会各个发展階段共通的財政关系。既不能从財政現象上來以偏概全，也不能用个別发展階段的財政現象代替各个发展階段一般的財政关系。

从歷史发展方面說，馬克思列寧主义財政学要研究奴隸制社会国家的財政，封建社会国家的財政，資本主义国家的財政，以及社会主义国家的財政。从馬克思列寧主义財政学的体系方面說，它包括社会主义企業、組織及各經济部門財务，国家信貸，国家保險，国家預算等部分。因此，应从財政現象到財政本質間找出內在的因果联系和依賴关系，也就是应从人类社会各个发展階段中各种財政現象間发現共通的財政关系，研究这种关系的发生、发展与消亡，以及其在人类社会各个发展階段中的階級本質和作用，从而利用这种关系來使我們的財政活动更積極的促進社会主义工業化和社会主义改造。馬克思列寧主义財政学的对象是国家关于社会產品或国民收入分配与再分配过程中的分配关系，簡單的說，也就是人类社会各个发展階段中国家对社会的物質資料的分配关系。人类社会一定的发展階段的这种分配关系，是適应于人类社会一定的发展階段底社会生產关系的。社会生產关系一变更，这种分配关系也随而变更。在人类社会各个发展階段底社会生產关系的規范下，国家对社会的物質資料的分配关系，是表現为各种各样的分配形式的。为了說明馬克思列寧主义財政学的对象，我們拟从以下几个問題來加以分別說明。即財政的產生和国家职能的关系，国家对社会的物質資料分配的表現形式，以及有关財政学对象的諸問題。

二

財政是国家对社会的物質資料的分配。不管国家对其所需資財的形成或者使用，都是国家对社会的物質資料的一种分配。这种分配在不同的条件下，或者表現为实物形态，或者表現为貨幣形态，但在各种表現的形态后面，实質上都是屬于社会的物質資料的一种分配。这一概念說明了財政的產生及其与国家的关系。

从人类社会的发展歷史說，自从人类社会出現了階級和国家，也就出現了財政。階級和国家不存在，財政也就随而不存在。

在原始公社时期，生產資料都是屬于公社共有，公社成員都共同参加劳动，共同劳动的產品，都是在公社成員間平均分配。原始公社沒有私有制，沒有階級的区分，也沒有階級統治的任何机構出現。在原始公社时期，虽有酋長、軍事首領、祭司等的存在，但这些人都是担任公社的公职，为公社全体成員服务，而不是公社的統治人物，也無任何暴力統治机構。原始公社时期，旣然沒有階級，沒有国家，自然也就沒有国家参与社会的物質資料分配的財政存在。到了原始公社末期，私有財產出現了，私有制随而產生了，氏族領袖逐漸变成氏族中的貴族，公社成員逐漸变为氏族中貴族的一种經济附庸。氏族中的貴族或比較顯貴的富裕家庭，不僅把俘虜当成奴隸，同时也把氏族中貧窮的人或負了債的人当成奴隸，替自己生產，掠取無偿劳动。于是人类社会开始出現了階級区分，社会分裂为奴隸階級和奴隸主階級，原始公社过渡为奴隸制社会。原始公社進入奴隸社会后，氏族和部落的酋長、軍事領袖成为諸侯和国王，氏族社会的各种机構也变成了压制氏族成員，压制奴隸的統治机構，国家权力机关出現。

人类社会出現了階級，也就出現了階級矛盾和階級斗爭，同时也就出現了国家。国家是階級統治底机关，是为統治階級謀利和服务的机关。軍隊、法庭和一切懲罰机構都是从屬于这一目的的。国家为了执行其統治职能，設置了一系列的机構，对于滿足国家职能所需資財的形成、分配和使用，都屬于国家直接的或間接的对于社会物質資料的分配。这种分配对于社会物質生產領域和非生產領域所发生的各种关系，表現为極其錯綜复雜的分配关系。

财政与国家职能是不可分的。

原始公社進入奴隸制社会后，有了国家，也有了財政。奴隸制社会国家的財政是从屬于奴隸制国家底职能的。同样，封建社会国家的財政、資本主义社会国家的財政和社会主义社会国家的財政，也是从屬于其国家职能的。但社会主义社会国家的职能和剝削階級国家的职能，在本質上是有区别的，因而社会主义国家的財政与剝削階級国家的財政，在本質上也有其区别。

从奴隸社会到資本主义社会，国家的基本职能，都是統治国内被压迫被剝削的劳动人民，或是采取各种各样的方式侵略其他国家，掠夺其他国家的人民。从而其財政活动也是从屬于这种国家的基本职能的。

但社会主义社会的国家及其职能，与任何剝削階級的国家及其职能，在本質上是完全不同的。

社会主义社会的国家是生產工具和生產資料公有制的国家，是工人階級和劳动人民在廢除生產資料私有制后由自己掌握政权的国家。社会主义社会国家的职能是保护生產資料社会主义公有制，防止帝国主义国家的侵略，以便能在和平环境中順利的進行共產主义的建設。我国是工人階級領導的以工農联盟为基礎的人民民主国家，是屬于社会主义类型的国家。国家职能是保衞人民民主制度，保衞国家的建設。❶社会主义国家其所以需要保持国家机構，最高目的是在于实現共產主义，是在于消滅階級和国家的存在。❷但随着社会发展的階段不同，社会主义国家的基本职能也是有所不同的。如苏联在城鄉完全为社会主义經济統治的条件下，正由社会主义过渡到共產主义的現階段，苏維埃国家的基本任务是進行和平的共產主义建設工作。又如在过渡时期我国的总任务是实現社会主义工業化和社会主义改造。因此，社会主义国家的財政，也是从属于社会主义国家的职能的。也就是通过財政的分配关系，加强經济核算制，厉行節約，積累資金，不断擴大社会主义再生產，促進社会主义的建設和共產主义的建設，不断提高人民物質和文化生活水平。而帝国主义国家則是利用財政的分配关系，使劳动人民的財富向壟断組織集中，使落后国家的財富向帝国主义国家集中，从而使帝国主义国家劳动人民和落后国家日趋貧困化，而壟断組織、資本家和地主則日益富有。

从上面可知，自从人类社会有了階級存在，有了国家存在，也就有財政存在。相反的，沒有階級存在，沒有国家存在，也就沒有財政存在。在原始公社时期是如此，在將來共產主义时期也是如此。由此可見，財政的存在与国家职能是分不开的。

三

从上面我們知道了財政的存在与国家职能是密切不可分的，但一定社会形态底国家的性質，是決定于一定社会形态底生產关系的，由是从属于国家职能的財政也必然是決定于一定的社会形态的生產关系的。也就是国家对社会物質資料的分配，与一定社会形态底生產关系是有着內在的相互联系底关系的。

一定的社会生產关系，决定同它相適应的一定的分配关系，而分配关系是与生產、交換、消費相互联系而又受生產積極影响的。財政是屬于分配关系之一，因而財政与生產、分配、交換和消費是相互联系而又相互影响的。財政所表現的分配关系与一般經济所表現的分配关系不完全相同，而是一般經济分配关系中屬于国家职能所发生的分配关系。因此財政不同于經济，但二者又表現了相互联系和相互作用的密切关系，即經济决定財政，而財政也積極影响經济。

財政所表現的分配关系其所以与一般經济所表現的分配关系不完全相同，因为經济的分配关系是从生產資料所有制发生的分配关系，而財政的分配关系則是从国家职能所发生的分配关系。前者表現在經济的領域，后者旣表現在經济的領域，同时也表現在非經济的領域。但二者相同的地方，是在同一的社会生產关系决定下，都是屬于社会產品或国民收入的分配或再分配。正因为經济的分配关系，在一定条件下并不同于財政的分配关系，所以原始公社时期及將來共產主义时期，只有一般經济的分配关系而無財政的分配关系。

但財政的分配关系底表現形式是甚么呢？

在奴隸占有制的生產关系下，社会產品的分配，一方面是屬于經济的分配关系，如奴隸劳动的產品在奴隸主階級与奴隸階級間的实物分配，以及很少一部分通过商品貨幣交換所体現的分配。另一方面是屬于国家职能所发生的分配关系，其表現形式如奴隸占有制国家征用居民的劳役，实物稅收，貨幣稅收，以及对其藩屬所征收的貢租等。

在奴隸制社会，一切生產資料都归大奴隸主的諸侯或国

· 9 ·

王所有，農業和手工業主要是由奴隸生產，奴隸生產的產品都以实物形式分配到了奴隸主的手里。在中国奴隸制的周代，一切農業土地和農業劳动都是王室所有。王室把土地和劳力分賜給諸侯和王公大臣，称为公田，而向受封的諸侯和王公大臣等要求貢賦，而諸侯和王公大臣則又取之于奴隸。各項工藝品也在官吏管轄下由奴隸生產。小農經济的劳动產品則三分要献出二分，如春秋时齐景公征收人民生產物三分之二，只留一分作生產者衣食費用。諸侯和国王本身就是大奴隸主，一方面直接掠夺奴隸劳动的產品据为己有，这是經济的分配关系。另一方面是以貢賦的方式通过諸侯和王公大臣仍取之于奴隸劳动。同时也对个体經济的小農、手工業者征收稅捐，如春秋时齐景公在都城附近設立关口，鄉村人民來都市均須征稅，向人民“厚刀布之斂，重田野之稅，苛关市之征”，征收的稅有实物也有貨幣，这是奴隸制社会国家对当时社会產品的再分配，是屬于財政的分配关系。这种分配关系是奴隸制国家对当时劳动人民的一种政治的額外的剝削关系。通过以上强制的分配方式而集中在国家手中的資財，在奴隸制国家的再分配及其运用上，几乎都是非生產的消費性質，如用于王室的战爭費用，用于建筑堡壘与華丽的宮殿寺院，以及用于諸侯或国王声色狗馬的玩好和驕奢淫佚的享受。在奴隸制国家財政的分配关系下，更加重了人民的負担，生活困苦，以至“仰不足以事父母，俯不足以畜妻子”。这是奴隸制社会的經济决定奴隸制国家的財政，而財政分配的不良結果，更促進土地和財富向奴隸主和富有者手中集中。

奴隸制社会已有商品貨幣的交換，随城市的出現，这种交换逐渐有了发展和擴大，一般經济的分配，一部分是通过价値和价値形态的貨幣关系來体現的。但奴隸制社会的經济，基本上是自然經济，交换范圍不廣泛。这一特点表現在財政的分配关系上，是以实物或劳役的分配形式为主，而利用貨幣形式的分配为次。

奴隸制社会經济的分配关系和財政的分配关系，都是在奴隸劳动的基礎上，以实物分配形式为主，通过貨幣形式的分配为次。二者的区别，經济的分配关系是通过实物或貨幣的形式來表現；而財政的分配关系則是通过实物或貨幣以貢租和稅捐的形式來表現。

奴隸制社会進入封建主义社会后，奴隸制社会的生產关系遂为封建主义社会的生產关系所代替。从而奴隸制国家財政的分配关系，也为封建主义社会国家財政的分配关系所代替。在封建主义社会的生產关系下，封建主义社会經济生產的社会產品的分配，也表現为兩方面的分配关系。一方面是屬于經济的分配关系，如農民的劳动產品在封建地主階級、高利貸者、商人与農民間的分配，以及在各階層間通过商品貨幣交换的方式所体現的分配。另一方面是屬于国家权力所发生的分配关系，其表現形式，如封建主义国家对官庄官田征收的地租、对民田征收的田賦、对山林川澤、手工業品等所征收的各种苛捐雜稅，以及來自大小采邑封君陪臣的貢献等。

在封建主义社会，除封建土地所有制外，同时也存在以个人劳动为基礎的農民和手工業者的生產工具及其私有經济的个体所有制。經济的分配关系，表現为归農民、手工業者自有的一部分產品；表現为归封建主的劳役地租、实物地租和貨幣地租，以及归高利貸者的債息等封建剝削的分配形式（在封建社会的早期及中期，以劳役地租及实物地租二种形式为主），在此基礎上幷表現为農產品和手工業產品通过商品貨幣交換的形式而体現的分配。封建王朝的国王或天子本身就是大地主，国家直接領有“官田”、“官庄”。就以中国封建經济发展的唐代初年說，不但大小采邑的王公貴族可以在其封地对農民征收租庸調，就是国王或天子也在其“官田”“官庄”征收租庸調。⑪庸是劳役地租，租調是实物地租。清代全国田地分为官庄、官田、民田等，官庄官田均收地租，民田征收田賦。这种租庸調以及官庄官田的地租，都是封建王朝以大地主身分直接从封建土地所有制的分配关系來占有農民生產的社会產品，这是屬于封建社会經济的分配关系。

在封建主义經济的基礎上，封建社会国家从国家权力所发生的财政的分配关系也具有其特点。封建社会国家财政的分配关系，表現为以下形式。一种形式是大小采邑封君陪臣对帝王的貢献，第二种形式是封建帝王憑借封建統治特权，独占生產手段，幷把城堡城市当成私產而產生的特权收入，如居民开礦、制鹽、狩獵、捕魚、使用磨坊打鉄爐等，均須負担貢納义务，付出实物或貨幣为代价。第三种形式是各种捐稅收入，如中唐时改“租庸調”为“兩稅制”，折征貨幣；明代創行“一条鞭法”征收銀兩；清代对民田征收的田賦；以及在中国封建王朝歷代征收的商業稅、入市稅、关稅、茶、鹽、酒稅等。这是封建社会国家对当时社会產品的再分配，是屬于财政的分配关系。这种分配关系是封建主义国家对当时劳动人民的一种强制的剝削关系。封建主义国家通过封建土地所有制的經济分配关系直接占有的社会產品，和通过国家权力所发生的财政分配关系强制占有的社会產品，在其集中的分配运用上，几乎都是屬于非生產的消費性質，如用于維持封建王朝統治的战爭、官俸、皇室經費，以及用于維持国家統治机構的各种开支。結果更促進土地、財富的畸形分配，使農民和手工業者的資財，通过这种財政的再分配关系，更集中于封建地主、貴族、高利貸者，而農民和手工業者的生活更陷于貧困。封建主义財政的分配关系，更促進了封建地主和農民間的階級矛盾和階級斗爭。

在封建主义社会初期，基本上是自然經济，不管是封建領主也好，或者是从事農業劳动和家庭手工業劳动的農民也好，几乎都过着孤立的經济生活，很少同外界進行交換，商品貨幣关系的范圍还很狹窄。因此封建王朝从財政的分配关系所取得的国家收入，既包括实物，也包括貨幣。随封建社会簡單商品生產的发展，早期的自然經济逐漸向着商品經济过渡，加强了国內不同地区的經济联系，逐漸形成民族市場，農民經济和封建主經济日益卷入市場和交換，貨幣地租代替了实物地租，城鄉資本主义因素开始萌芽和发展，商品經济已开始表現为社会經济生活的重要特点。不但經济的分配，主要是通过商品貨幣的交換而实現，即国家在財政的分配关系上也主要表現为貨幣形态。如封建地租收入和特权收入逐漸过渡为賦稅收入，劳役地租和实物地租逐漸过渡为貨幣地租。国家的收入和支出，在分配关系上，也主要表現为貨幣形态。

封建主义社会經济的分配关系和封建王朝国家在財政上的分配关系，都是在農奴劳动的基礎上，初期以实物形式的分配为主，而以貨幣形式的分配为次。到封建主义社会末期，则主要表現为貨幣形式的分配。但二者間的区别，經济的分配关系，是通过貨幣地租和簡單商品生產的交換形式实現。而財政的分配关系，則是通过国家以賦稅和各种稅捐的形式來表現。

封建主义社会发展到資本主义社会后，資本主义社会生產关系代替了封建主义社会生產关系，因此資本主义国家財政的分配关系也代替了封建主义国家財政的分配关系。

在資本主义商品經济下，資本主义經济的生產、分配、流通和消費，都表現为商品貨幣的关系，資本主义經济的分配关系及資本主义国家財政的分配关系，是国民收入分配和再分配的关系。資本主义經济的分配关系，主要表現为剩余价值底剝削的分配形式，即工人和劳动人民創造的国民收入，除工資部分归工人所有外，都成为剩余价值，以利潤、利息、地租等形式分配到了資本家和地主手里。農民和手工業者所創造的一部分国民收入，除一部分归生產者自有外，一部分也分配到了資本家（富農、包買主、商人、銀行家等）和地主手中。1951年美国資本家从国民收入中分配到的所得額，即占全部国民收入的百分之五十八，英国資本家所得額，占全部国民收入的百分之六十，西德資本家的所得額，竟高达国民收入百分之六十五。❹

資本主义国家在財政分配关系上的特点，是在經济的分配过程中，或在經济的分配所表現的結果上，参与財政的分配。即資本主义国家財政的分配，是在資本主义經济的生產、分配、流通和消費的过程中或在其分配的結果上表现出來。

也就是从商品生產和商品流轉的各个环節，在商品价値形态的表現下参与国民收入的再分配，如象資本主义国家的間接稅就是如此；或者是在經济的分配底最后階段，即在国民收入分配的結果上進行再分配，如象資本主义国家的直接稅就是如此。在美国1953年的决算中，个人所得稅即占財政总收入百分之五十点二，在1955年預算中則占百分之四十八。❺資本主义国家財政的分配关系表現的主要形式是稅收，如美国1954年至1955年度，稅收即占預算收入百分之九六·二；英国在同一年度中，稅收占預算收入百分之九〇·三；法国在同年度中占百分之八九·九。❻資本主义国家財政的分配关系之所以表現为稅收的主要形式，因生產資料掌握在資本家和地主手中，国家本身沒有自己的物質生產基礎，沒有組織国民經济生產的职能，因此不可能直接从国民經济的生產中形成自己独立的收入，只有在經济的分配关系的过程中或在其基礎上進行財政的再分配，因而稅收成为財政的分配关系表現的主要形式。

在資本主义財政的分配关系中表現的另一种形式是資本主义国家信用。資本主义国家通过公債的发行、增稅和償还的程序，使劳动人民的財富重分配到資本家和地主手中，加劇了国內階級的分化和階級矛盾。在帝国主义时期的資本輸出，所謂对外"經济援助"，使落后国家劳动人民的財富，在国际間发生重分配，而集中到資本輸出国的壟断組織，進一步促進了帝国主义国家和落后国家間的矛盾。

通貨膨脹也是資本主义国家財政的分配关系中所表現的一种重要形式，通貨膨脹是再分配劳动人民收入的有力工

·15·

具。資本主义国家利用貨幣的发行权力，通过貨幣本身特具的职能，以貶值的貨幣从商品貨幣的交換形式中，將劳动人民收入的一部分隱蔽的轉移到資產階級統治机構的国家手中，以滿足其統治职能的需要。

資本主义国家从財政的分配关系中集中起來的劳动人民的財富，占整个国民收入中很大的比重。即以税收一項而論，如在1952年至1953年度中，美国税收即占国民收入百分之三四·三，英国占百分之四八。❼集中到資本主义国家手中的国民收入，在其分配运用上，也表現为財政的分配关系，在这方面表現的主要形式是軍事撥款，如美国1955年度預算总支出中，軍事費即占百分之七十。❽这种非生產的消費性的分配与使用，使劳动人民的社会資財，从生產方面向非生產方面轉移，压縮了民用工業品的生產，增加了破坏性的軍用工業品的生產，導致資本主义国家劳动人民物質和文化生活水平的降低。

資本主义經济的分配关系和資本主义国家財政的分配关系，二者都是在僱傭劳动的基礎上，利用貨幣形态对国民收入進行分配或再分配。但二者所表現的分配关系仍有其区別。經济的分配关系，是通过資本主义的商品生產和交換表現为国民收入的分配，以利潤、利息、地租的剝削形式分配到資本家和地主手中，以工資的形式分配于工人。資本主义国家財政的分配关系，則是通过資本主义国家政治的額外的剝削表現为对国民收入的再分配，以税收、公債、通貨膨脹、国外貸款等形式，分配到資產階級国家手中。并通过資產階級国家預算的再分配，以軍事撥款，侵略性的“对外經济援助”，以及用于憲兵、警察、特务等暴力統治的国家机構等非生產的領域，直接間接的使來自廣大劳动人民的財富，絕大部分又分配到壟断組織、資本家和地主手中。

資本主义社会发展到社会主义社会后，社会主义社会的生產关系代替了資本主义社会的生產关系，因此社会主义国家財政的分配关系代替了資本主义国家財政的分配关系。

社会主义国家財政的分配关系，决定于生產資料社会主义公有制。

社会主义社会，是消滅了生產資料私有制，消滅了剝削階級，实行生產資料公有制的人类社会发展到高級階段的社会。在生產資料公有制的条件下，社会主义經济是最統一最集中的。社会主义国家是利用社会主义基本經济規律和国民經济有計划(按比例)发展的規律，有計划的組織生產和分配社会產品的。社会主义的生產具有兩种基本形式，即国家的全民的形式和非全民的合作社集体農庄的形式，这兩种形式的存在，决定了特种商品生產和貨幣关系的存在。社会主义經济的分配关系，表現为归全体劳动人民所有的消費基金和归社会的積累基金。即全体劳动人民創造的国民收入，一部分是按劳动报酬原則進行分配，归国营經济和合作社集体農庄的生產者所有，表現为国营經济職工工資，工藝生產合作社社員工資和集体農庄庄員按劳动日計算的实物收入和貨幣收入。另一部分是屬于社会主义社会的積累，表現为国营經济的純收入，工藝生產合作社的純收入，和集体農庄公共經济的收入。归社会主义社会的積累，是用于擴大社会主义的再生產。在苏联几个五年計划中，归全体劳动人民所有的消費基金，約

· 17 ·

为国民收入百分之七十五左右，归社会积累的基金，则約为国民收入百分之二十五左右，这是社会主义所有制經济分配关系所表現的特点。

社会主义經济的分配关系，使社会主义国家在财政的分配关系上也具有其特点。这一特点是在生產資料社会主义公有制的条件下，社会主义国家直接参加社会主义企業与組織底純收入的分配和再分配，通过分配与再分配，成为国家集中的純收入和企業与組織非集中的純收入，并按照国民經济計划和財政計划，用于擴大社会主义再生產，滿足整个社会的共同需要。社会主义財政对国民收入的分配与再分配底这一特点，是任何剝削階級国家的財政所不能具有的。因为在生產資料社会主义公有制的条件下，国家本身具有物質生產的基礎，因而可以有計划的直接組織国民經济的生產和分配。社会主义国家按照其基本职能，通过社会主义企業、經济組織的生產管理机構直接進行国民經济的計划生產和組織領導工作，同时也通过財政的管理机構，从財政方面直接進行国民收入的計划分配和組織領導工作。財政对国民收入的分配，首先表現在国营經济純收入的直接分配上。在国营經济純收入中，一部分以利潤形式留归国营企業自有，另一部分則以周轉税、利潤提成、社会保險工資附加、地方税收等形式，成为社会主义国家集中的純收入。其次，社会主义財政对国民收入的再分配，則表現为对工藝生產合作社純收入与对集体農庄公共經济收入（除去补償已消耗的生產資料及已分配与生產者的部分）的分配上。在工藝生產合作社的純收入中，一部分用于擴大生產，滿足工藝生產合作社社員的需要；另一部分则以周轉税、所得税等形式，成为社会主义国家集中的純收入。在集体農庄公共經济收入中，一部分用于发展集体農庄生產，滿足集体農庄需要；另一部分則通过义务繳納，所得税，以及通过价格机構等形式，成为社会主义国家集中的純收入。第三，社会主义財政对国民收入的再分配，則表現为居民繳納的税收，以及居民自願認購的公債等形式，成为国家集中的收入。社会主义国家財政对国民收入的分配与再分配的这些形式，都是社会主义企業、組織以及劳动人民对自己国家自願承担的义务。社会主义国家集中的純收入和非集中的社会主义企業、組織的純收入，由社会主义国家根据国民經济有計划（按比例）发展的規律，經过統一的再分配，以国民經济撥款，社会文化措施支出，行政支出和国防支出等形式，分配运用于社会主义的擴大再生產，以及文化教育等物質生產部門和非物質生產部門，不断擴大社会主义的生產，增加国民收入，提高人民的物質和文化生活水平。

社会主义經济的分配关系和財政的分配关系，在生產資料社会主义公有制的条件下，在特种商品生產和貨幣經济存在的条件下，二者完全是統一的、和諧的。其所以是統一的、和諧的，首先因为在生產資料社会主义公有制下，劳动人民所生產出來的社会產品，一部分是根据按劳取酬的原則分配給自己所有，另一部分是分配給社会公有用以滿足全体劳动人民的共同需要，局部利益和整体利益，个人利益和国家利益是統一的，不可分割的，因而在社会主义社会的生產关系下，社会主义經济生產的產品，在分配关系上同社会主义国家职能所发生的分配关系，不是对立的，而是統一的和諧的。但在剝削階級統治的社会中，在生產資料私有制的条件下，劳动人民所生產出來的社会產品，一部分則是以剝削性質的掠夺榨取或以剩余价值的方式分配到了剝削階級的手中。而另一部分則是通过强制的方式分配到了剝削階級統治机器的国家手中。因而在生產資料私有制的社会制度中，剝削階級的国家职能所发生的分配关系和劳动人民的利益是矛盾的，对立的。其次，社会主义經济的分配关系和財政的分配关系，其所以是統一的、和諧的，因为在特种商品生產和貨幣經济存在的条件下，价值規律还起着一定影响，因而社会主义經济的生產和分配，不能不利用貨幣所特具的职能來進行核算，交換，監督。因而社会產品的分配和再分配，不能不反映为国民收入的分配和再分配。社会主义經济在国民經济有計划（按比例）发展的規律支配下，是实行計划生產和計划分配的，即一方面表現为物質生產的計划分配工作，另一方面表現为財政的計划分配工作。社会主义經济底物質的生產与分配底計划工作，表現为国民經济計划，而其平衡关系則表現为国民經济社会產品平衡表。国民經济社会產品平衡表反映国民經济社会產品的总量，反映国营企業、合作社集体農庄社会產品的生產、消費和積累方面的分配关系。社会主义財政的計划分配工作，表現为財政計划，而其平衡关系則表現为国民經济財政平衡表。国民經济財政平衡表綜合地反映出国营企業、合作社集体農庄和居民在財政資源方面的形成、分配和使用的关系。也就是国民經济財政平衡表綜合地反映出按价值和价值形态表現的社会產品和国民收入的分配与再分配的关系。以上所說国民經济社会產品的分配关系和国民經济財政的分配关系，既表現为社会主义經济关系不同的兩面，但又統一表現于国民經济計划中成为一个整体。因此，社会主义經济的分配关系和財政的分配关系，在生產資料社会主义公有制的条件下，在特种商品生產和貨幣經济存在的条件下，二者完全是統一的和諧的。这一特点說明社会主义国家的財政完全是国民經济的財政，同时也說明社会主义国家的財政，是人类社会歷史中財政发展的最高形态。但在生產資料私有制的社会制度中，特别是在資本主义社会制度中，虽在資本主义商品貨幣关系的条件下，社会產品的分配与再分配也反映为国民收入的分配或再分配，但在生產資料資本主义所有制的条件下，由于生產無政府狀态和盲目競爭的規律支配，資本主义經济并不是計划生產和計划分配，因而在利用貨幣特有的職能來对社会產品進行分配或再分配的过程中，也表現了盲目性。这种盲目性表現在資本主义国家預算經常具有赤字，而資本主义企業或壟断組織的財务收支上則經常占有大量的剩余价値，因此在資本主义国家財政和資本主义企業或壟断組織的財务之間，并不具有統一的財政計划的性質。同时由于資本主义的国家是寄生的暴力統治机構，其本身缺乏物質生產的基礎，并不具有組織国民經济生產的职能，因而資本主义国家的財政并不是国民經济的財政，从而資本主义的国家預算与資本主义的企業或壟断組織的財务之間并不具有統一的財政計划的性質，也就是二者之間并不是統一的和諧的，因而借助于增加稅收，增发公債，利用通貨膨脹等再分配国民收入的形式來進一步掠取劳动人民的收入，成了資本主义国家財政的主要特点之一。

中華人民共和国的財政决定于中華人民共和国的生產資料所有制。

我国在目前过渡时期，由于社会歷史条件不同，因而生產資料所有制表現为社会主义所有制（包括国家所有制卽全民所有制和合作社所有制卽劳动羣众集体所有制）；个体劳动者所有制和資本家所有制。❾但“全民所有制的社会主义經济是国民經济中的領導力量和国家实現社会主义改造的物質基礎”。由于我国目前过渡时期社会經济条件的决定，因而商品貨幣的交換成为城鄉經济間、公私經济間联系的主要方式。同时也由于社会主义經济是国民經济的領導力量和实現社会主义工業化与社会主义改造的物質基礎，因而社会主义基本經济規律和国民經济有計划（按比例）发展的規律在国民經济中起着主導作用和决定性作用，从而限制和縮小了商品生產中价值規律的影响范圍。因此我国国民經济中所存在的商品貨幣关系，在性質上是不同于資本主义国家的商品貨幣关系的。

在我国生產資料所有制的几种形式下，我国社会經济的分配关系，表現为归劳动人民自己所有的劳动收入，归社会的積累，以及归資本家的一部分合法利潤和定股定息的收入。卽我国劳动人民創造的国民收入，第一、一部分是按劳动進行分配，归社会主义經济、国家資本主义經济、私人資本主义經济和个体經济的劳动者所有。表現为国营經济、合作社企業、組織和公私合营企業的职工工資及社員按劳动日計算的实物收入与貨幣收入；表現为私人資本主义企業职工的工資；表現为个体農民和个体手工業者的劳动收入。第二、一部分国民收入則屬于社会的積累，主要表現为国营經济的純收入，合作社企業的純收入，農業生產合作社的公共收入（除去补偿生產資料消耗部分）和国家資本主义經济的純收入。第三、还有一部分国民收入成为資本家所有，表現为資本家四馬分肥的股息紅利收入（在全行業公私合營的新形勢下，在过渡到定股定息办法的过程中，目前还暫时存在一部分四馬分肥的公私合营企業），定股定息收入（在全行業公私合营实行定股定息办法后，資本主义生產关系已經起了根本性的变化，因此，四馬分肥的股息紅息和定息不是剩余价值的性質，而是工人階級从自己創造出的国民收入中付給資本家的贖金）和一部分利潤收入（1955年在全国工業总產值中，私营工業占百分之十六，⑩ 到1956年底，預計在社会商品零售总額中，私营商業还將占百分之八·九。⑪）

根据我国一般經济的分配关系，我国在財政的分配关系上也表現为对国民收入的分配和再分配。在国民收入的分配中，來自社会主义經济本身內部的積累日益增大，因为我国社会主义經济和国家資本主义經济在国民經济中占有絕对优势的比重，如在1955年全国工業总產值中，社会主义性質的工業（包括国营工業、合作社营工業和公私合营工業）即占百分之八十四。⑫ 因此国家有条件通过社会主义性質的企業和經济組織，直接進行国民經济的計划生產和計划分配，同时也通过財政的組織領導工作，从財政方面直接進行財政的計划分配。我国財政对国民收入的分配，首先表現在国家对社会主义性質企業內部積累的直接分配上，如国营經济利潤的上繳，高級形式国家資本主义經济的一部分利潤上繳，以及供銷合作社提繳給国家的一部分積累（自1956年起，对供銷合作社采取随同所得税附征的办法，提繳各級社一部分積累支援国家建設）。其次，表現在国家在国民收入的形成过程中或在国民收入形成的結果上对国民收入進行的分配或再分配，表現在对社会主义性質的經济，非社会主义性質的經济和对居民征收的各种工商業税（商品流通税、貨物税、营業税、所得税等）、農業税、地方税等方面。表現在对社会主义性質企業和組織的劳动保險加成、財產保險費以及表現在对居民的人身保險費和公私合营企業、私人資本主义企業与各階層居民自願認購公債等形式上。以上国家对国民收入分配与再分配所形成的国家集中的收入，由国家根据社会主义基本經济規律，国民經济有計划（按比例）发展的規律和党的政治經济任务，按照經济建設、国家后备、文化教育和行政国防等需要，加以統一分配运用，在物質生產領域和非物質生產領域進行再分配，实現社会主义工業化和社会主义改造，完成国家总任务和滿足全社会的需要。在我国第一个五年計划中，国民收入約有百分之二十二用于積累基金，約有百分之七十八用于消費基金，滿足人民物質和文化生活的需要。⑱

在我国过渡时期生產資料所有制的几种形式下，社会主义經济和国家資本主义經济（高級形式），在經济的分配关系和財政的分配关系上具有共同性，这种共同性表現在社会主义企業財务、公私合营企業財务和国家預算組成为統一的財政計划体系。因为社会主义經济（国营經济和完全社会主义的合作社經济）是生產資料公有制，而国家資本主义經济則在定股定息的办法下，資本主义生產关系已經起了根本变化，企業的純收入已屬于国家所有（定息是由国家付給資本家的贖金），因而可以通过財政來進行計划分配。但我国过渡时期社会經济的分配关系和財政的分配关系也不完全具有共同性，即个体經济和私人資本主义經济的生產和分配，虽在利用、限制和改造的政策下，在一定程度上与国民經济計划相联系，或受国民經济計划的規范和制約，但其財务收支并不是国家統一的財政計划体系的組成部分。因为它們的生產資料和產品是归私人所有，并不是国家所有或劳动者集体所有，这是我国財政与苏联財政不同的地方。

四

从上面的分析論証中，我們明确了一定的社会生產关系，必然有与其相適应的分配关系。为了易于明确問題起見，我們把分配关系区分为社会經济的分配关系和国家职能所发生的分配关系（也就是指財政的分配关系）。一般經济的分配关系是以生產資料所有者为主体，財政的分配关系是以国家为主体。在生產資料私有制的社会制度中，一般經济的分配关系是屬于社会產品的分配或国民收入的分配关系。財政的分配关系是屬于社会產品的再分配或国民收入的再分配关系。在社会主义社会，社会主义經济的分配关系是国民收入的分配关系，財政的分配关系是屬于国民收入的分配和再分配关系。可見財政的分配关系是以一般經济的分配关系为基礎的，二者表現了相互交錯和相互滲透的复雜关系。如果沒有国家存在，也就沒有国家职能所发生的分配关系存在，也就是没有財政的分配关系存在，而只是表現为社会生產关系所决定的分配关系，也就是只表現为社会產品的分配或国民收入的分配。一般經济的分配关系表現为个体經济的產品或企業的產品在內部的分配和在相互間通过商品生產和商品交換所体現的分配。財政的分配关系表現为国家与企業、国家与居民間在社会產品或国民收入方面的再分配关系，如生產資料私有制国家的財政；或者是在社会產品或国民收入方面的分配与再分配关系，如社会主义国家的財政。

如果財政的概念不同国家的职能相联系，或者把財政理解为就是社会物質資料的分配，則一切分配关系都將归宿于財政的范疇，就是在將來共產主义社会中也有社会產品的分配，也有財政的存在了。并且从社会歷史发展諸階段的情况來看，一般經济的分配也就成了財政的分配，一般經济的分配关系也就成了財政的分配关系了，这种看法是值得研究的。

人們往往把貨幣关系認为是財政，同样的也会使人誤解一切貨幣关系都是財政，这样單純从貨幣关系來判断是否屬于財政，必至漫無边际，把財政的范圍推廣到無所不包了。

当然，自从有了社会分工，有了商品生產和商品交換存在，也就有了貨幣存在。利用貨幣关系來对社会產品或对国民收入進行分配与再分配，这是社会歷史发展的必然結果。但貨幣关系僅是現象，而实質仍然是社会產品的分配或再分配。企業的生產，一方面是物質的生產和經营，另一面則反映为利用貨幣职能進行核算与監督的財务工作。企業生產的產品，是由原材料經过劳动加工的生產过程，成为具有新的价值的產品，反映在貨幣关系上是貨幣資金的周轉运动和新价值的增加。但这种貨幣資金的周轉运动，基本上仍然是一种分配关系，不过这种分配关系直接与企業的生產过程交織在一起。这种分配关系表現在企業內部，同时也表現在企業外部的关系上，如企業与企業、企業与居民、企業与国家間的关系。这种表現为貨幣形式的复雜的分配关系，也就是一般經济的分配关系与国家职能所发生的分配关系的交錯。企業的这种貨幣資金的周轉运动，属于核算、監督的企業財务。这种核算、監督是在利用貨幣职能來進行生產与分配的过程中发生的。企業財务是分散的非集中的，属于国家职能所发生的財政是集中的。

財政之所以必須同国家职能联系起來理解，因为随社会生產关系的轉移，随生產資料所有制的不同，随国家的性質不同及其职能的不同，財政的內容也有所不同，財政的分配关系也有廣狹的不同。

从奴隸社会一直到資本主义社会的財政，其內容都較狹隘，其分配关系僅屬于在社会產品或国民收入分配基礎上的再分配。个体經济、資本主义經济的財务与国家职能所发生的財政，由于生產資料私有制的存在，由于奴隸制社会、封建主义社会和資本主义社会本身經济規律的支配，相互間并不構成統一的体系。但在生產資料社会主义所有制的条件下，在社会主义基本經济規律和国民經济有計划（按比例）发展規律的支配下，社会主义經济是計划生產和計划分配，統一的集中的表現为国民經济計划。社会主义企業、組織和国民經济各部門財务計划同国家基本的財政計划（国家預算），統一成为財政計划体系。但必須指出的，国營經济的分配关系的主体是国家，财政的分配关系的主体也是国家，因而国营經济的分配关系实質上也同于財政的分配关系。在合作社集体農庄經济，虽非全民所有制，但合作社集体農庄經济的組織領導也是属于社会主义国家的职能范圍。因为社会主义国家的基本职能之一，是直接組織国民經济的生產和发展，因而在統一的国民經济計划下，在国民經济統一的价格制度下，通过周轉稅、所得稅、义务繳納等形式來参与合作社集体農庄經济的產品及其收入的分配或再分配。因而合作社集体農庄經济的分配关系和財政的分配关系僅具有其一定的共同性，但也具有其經济分配关系的某些特点。共同性表現在合作社集体農庄財务計划是財政計划体系的組成部分之一，因为国家职能是直接組織国民經济的生產，合作社集体農庄經济計划是整个国民經济計划的組成部分，合作社集体農庄的財务計划又是合作社集体農庄經济計划的反映。其所以仍具有其經济的分配关系的特点，因为合作社集体農庄的一部分純收入或經济收入是归合作社集体農庄集体所有，不屬于全民所有。因此社会主义国家的財政內容較为廣泛，財政的分配关系深入于国民經济的生產領域而具有国民經济財政的特点。

我們从分配关系中区分出財政的分配关系，并明确划分一般經济分配关系的主体是生產資料所有者，而財政分配关系的主体是国家，对于明确馬克思列寧主义財政学的研究对象有很大帮助。比如在我国过渡时期，社会主义經济是生產資料公有制，社会主义經济的生產、分配、交換和消費，都包括在統一的国民經济計划內，因此社会主义企業和經济組織的財务計划也屬于整个財政計划体系的組成部分，馬克思列寧主义財政学的研究对象必然涉及社会主义企業和經济組織的財务。高級形式的国家資本主义經济，在定股定息办法下，由于資本主义的生產关系起了根本性的变化，因而高級形式的国家資本主义經济的生產与分配等也包括在統一的国民經济計划內，从而高級形式的公私合营企業的財务計划也屬于整个財政計划体系的組成部分，財政学的对象也应涉及公私合营企業的財务。但个体經济和私人資本主义經济，因为不是生產資料公有制，因而其經济的分配关系的主体旣不是国家又不是社会主义的企業或經济組織，而是个体劳动者或資本家。这种經济的分配关系，虽然也表現为价值或价値形态（貨幣关系），但并不屬于財政的分配关系。因为这种經济的生產与分配等虽与統一的国民經济計划有联系或受其制約，但其經济活动的財务并不屬于整个財政計划体系，因此也就不是財政学研究的对象。但也有人主張个体經济的財务和資本主义經济的財务是整个財政体系的組成部分，这是不妥当的。

有些同志因为硬抬貨幣关系的学說，把社会諸生產关系中所表現的各种貨幣关系都視为財政，这就把財政的范圍推廣到無所不包了。

在社会主义社会中，因为生產資料社会主义公有制的存在，因为国民經济有計划（按比例）发展規律的支配，因为生產資料的所有者是国家或者是集体農庄合作社，所以經济的分配关系和財政的分配关系具有同一性或一定范圍的共同性。由于这种同一性或一定范圍的共同性，因而划分为"国民經济各部門財务"和"財政学"兩門独立的学科。"国民經济各部門財务"是馬克思列寧主义財政学中的一个專門部分，这是馬克思列寧主义財政学之所以表現为国民經济財政底科学的主要特点。在財政学这門学科中虽然包括了社会主义企業、組織和各經济部門財务，但財政学是从財政的分配关系，也就是从国家职能所发生的分配关系的角度來研究的，也就是从社会主义企業与組織非集中的貨幣資財的形成、分配和运用的关系來研究的。“国民經济各部門財务”这門学科，則是研究社会主义企業与經济組織的生產財务活动，研究企業与經济組織在生產、分配等方面貨幣資金的周轉运动以及財务計划工作的組織領導等。兩門独立学科的相互关系及其研究方向的划分，有助于避免兩門学科的相互重复，并有助于明确財政学的研究对象。但有些同志認为“財政学的研究对象”“是反映經济关系的貨幣关系”，这是値得研究的，因为“反映經济关系的貨幣关系”包括了生產、分配、交換和消費各方面的貨幣关系，不但使財政与經济沒有区別，而且也把財政学的研究对象擴大來包括了經济。这样就使財政学的研究对象与政治經济学的研究对象在某些方面混淆起來了，这是应該考慮的。此外，有些同志把国民經济各部門財务的研究对象也确定为是“貨幣关系”。按照这样，財政学的对象是“貨幣关系”，国民經济各部門財务的对象也是“貨幣关系”，使兩門独立的学科之間沒有自己独特的研究对象，这也是应該考慮的。我們应該明确，財政学是政治經济学中的一个專門部分，而国民經济各部門財务又是財政学中的一个專門部分。三者之間各有其范圍，各有其方向和特点，也应該各有其独立的研究对象，不能把“貨幣关系”作为不同学科的共同对象。

从人类社会发展諸階段中財政分配关系表現的形式來研

究，我們可以这样說，貨幣关系虽也表現在国家职能所发生的分配关系中，但国家职能所发生的分配关系在某些条件下并不完全表现为貨幣关系。⑭自然，貨幣关系貫穿整个社会經济的生產、分配、交换和消費的各个过程或各个方面，在經济的分配关系和財政的分配关系中当然会表現为貨幣关系。但貨幣关系貫穿整个社会諸生產关系中，还有一定的社会歷史条件。如在資本主义社会，在資本主义商品生產的条件下，貨幣关系是表現在資本主义經济的各个領域中的。在社会主义社会，在特种商品生產的条件下，貨幣关系也表現在社会主义經济的各个領域中。但在前資本主义的諸歷史階段中，如在奴隸占有制社会和封建主义社会的国家，由于当时社会歷史条件的限制，还未形成民族市場和国內市場（民族市場和国內市場是在封建社会末期才逐渐形成的），商品交換的范圍不够廣泛，因此經济的分配关系和財政的分配关系，一方面表現为实物分配形态，另一方面也表現为貨幣的分配形态，特別是在奴隸制社会，主要表現为实物分配的形态，在中国古代社会和封建社会，不少这方面的例証。在奴隸制社会財政的分配关系中，即有实物貢納，实物稅捐和貨幣稅捐，但实物貢納和实物稅捐是主要形式。奴隸制社会財政的分配关系中只是具有貨幣关系的萌芽，但不能因此認为奴隸制社会就沒有財政。在封建主义社会的財政分配关系中也存在实物稅捐和貨幣稅捐，虽財政資財的形成、分配和运用所表現的一系列的分配关系是在向着完全的貨幣形态过渡，但也不能認为其財政分配关系中所表現的实物分配形式不是財政。又如在苏联外国武裝干涉和国內战爭时期，因为采取軍事共產主义的政策，国

• 31 •

家对工業企業实行集中管理，实行定額分配办法，国家与企業間，企業与企業間，实物关系代替了貨幣关系，信貸体系撤銷了，貨幣稅收停止了。在国民經济实物化的关系下，我們不能說苏联財政的发展史曾經中断过一个时期。又如在我国过渡时期財政的分配关系中，農業稅也具有实物分配的性質，虽在国家預算中也表現为价値形式，但并不是利用貨幣形态的分配方式形成的。我国農業稅虽然在国家積累的再分配方面仍表現为貨幣关系（如通过国家粮食机構和国营商業机構商品交換的方式進行分配），但在其積累的形式上是以实物形态分配而來的。如果僅僅把財政資財的实物部分可以折算为貨幣也理解为貨幣关系，則在前資本主义階段的財政資財的实物部分也可以折算为貨幣（因为在奴隸制社会和封建主义社会已有商品貨幣存在），也同样会被理解为貨幣关系了。由此可以証明，在一定的社会歷史条件和国家政治經济任务的要求下，从国家職能所发生的分配关系，并不一定完全表現为貨幣关系。因为財政的分配关系旣然是从屬于国家職能，則財政的分配方式必然从国家的具体情况出发，体現国家的政策精神和要求。比如我国过渡时期的農業稅，其所以具有实物分配的性質，由于我国社会主义工業化和社会主义改造尙未完成，由于財政政策和物价政策的要求，根据国家具体情况，不能不采取这种分配方式。

以上問題中，屬于經济方面的分配关系是政治經济学研究的范圍，屬于国家在財政方面的分配关系，則是財政学研究的范圍。由是可以理解到馬克思列寧主义財政学的研究对象是人类社会发展諸階段中，在一定的生產关系的規范下国家关于社会產品或国民收入分配与再分配过程中的分配关系，或者說財政学的对象是人类社会各个发展階段中国家对社会的物質資料的分配关系。

財政学所研究的这种分配关系（我們簡称为財政分配关系），在社会歷史发展諸階段国家的活动中，是一种客观存在的事物，財政学的对象就是客观存在的財政分配关系。

研究財政学的对象，目的在于明确財政学的任务是什么。財政学不單純是研究一些財政收支实务，而是在于研究財政分配关系以及如何利用財政分配关系來組織国民收入的分配与再分配，更有效的从社会主义經济內部增加積累，擴大社会主义的再生產，增加国民經济財富，最大限度滿足人民物質和文化生活的需要。

財政学要分析研究社会歷史发展諸階段中各种社会形态的財政制度，財政的本質，財政对社会經济的影响与作用。也就是要研究剝削階級国家財政制度的本質，研究剝削階級国家如何通过財政分配关系对劳动人民国民收入再分配的掠夺作用，以及其服务于剝削階級的实質。从財政分配关系中指出剝削階級国家社会經济制度的腐朽性及其必然崩潰的原因。財政学要研究社会主义国家財政制度的实質，研究社会主义財政体系各环節在社会主义經济規律的作用下对社会主义擴大再生產的作用，从社会主义財政分配关系中指出社会主义制度的优越性，并指出人类社会必然向着共產主义发展的歷史道路。

根据財政学的对象，研究財政在社会經济中的影响和作用，对于我国过渡时期財政制度的建設，以及財政在国家社会

· 33 ·

主义工業化和社会主义改造中如何发揮積極作用，如何更有效的組織国民收入的分配和再分配，擴大社会主义積累，具有很大的指導意义。

几年來，我国財政制度已具有穩固的基礎，我国国民經济的恢复和迅速進入社会主义建設的第一个五年計划，而又逐年取得光輝卓越的成績，应該說是与財政制度的建設工作分不开的，如歷年預算收入的增長，歷年預算支出中經济建設事業和文化敎育事業支出的增加，說明社会主义的積累与社会主义財政制度的建立和逐步健全是密切相关的。研究財政的分配关系，掌握財政分配关系对国民經济所发生的作用，就可以使我們在任何新的发展形势下，从政策方針上考慮如何適应客观形势发展的要求。比如在我国目前社会主义高潮的新形势下，社会主义經济和非社会主义經济間的比重，已經发生了顯著的变化。在工業方面，1956年社会主义性質工業的產值在全国工業总產值中將占百分之九十九点六，而私人資本主义工業不过占百分之零点四。⑮在手工業总產值中社会主义性質底合作社組織的產值亦將占百分之七十二点五。⑯在商業方面，1956年底，社会主义性質的商業在社会商品零售总額中將占百分之八十六，私人資本主义商業的比重只占百分之八点九。⑰社会主义性質的經济，既然在工業和商業方面的比重已經占絕对优势，就有条件和可能从財政分配关系來考慮加强社会主义經济內部積累的計划性，進一步加强企業的經济核算和監督作用，也就是說有条件和可能改革現行的多种税多次征的税收制度，并逐步推行周轉税和利潤提成。因为，第一、在社会主义高潮的新形势下，对資本主义工商業的社会主义改造已經基本上完成，社会主义經济已經占絕对优势的比重。在農業方面，加入高級農業生產合作社的農戶占全国農戶总数百分之九十以上。⑱因此社会主义国家在社会主义經济内部積累的分配上，不必再采取多种税多次征的分配方式。第二、在国民經济有計划(按比例)发展規律的决定下，由于国家統一的国民經济計划的实行，就要求社会主义企業和經济組織加强計划性、加强經济核算制，使社会主义經济内部的積累能有計划的及时而均匀的分配到国家預算中去。現行的税制具有多种税多次征的特点，不象周轉税是在產品价格設計的最初階段加以固定的，而是分散在產銷各个环節課征，使財政在国民收入的分配关系上复雜化，影响企業的成本設計和价格設計困难，企業的利潤容易受產品成本变化的影响，既影响企業經济核算的健全，又影响企業積累的計划性。因此，为了進一步加强社会主义企業与組織的經济核算和財政監督，進一步加强社会主义企業与組織内部的積累，从財政分配关系上來考慮改革税制是有必要的。

財政学的对象是財政分配关系，其中包括了貨幣的分配形式和非貨幣的分配形式。財政学的对象其所以不是貨幣关系而是財政分配关系，因为貨幣关系貫穿在經济分配关系和財政分配关系中，卽貫穿于整个社会物質生產領域和非物質生產領域中。但財政学的研究范圍和政治經济学的研究范圍是不同的，財政学只是政治經济学的一个專門部分，范圍較窄。如果財政学的对象是貨幣关系，就可能把經济分配关系和財政分配关系不加区别的混同起來，把財政学的研究范圍和政治經济学的研究范圍在某些方面重复起來，这是不合理的。明确了这个問題，就可明确財政学的研究范圍并不是無所不包的涉及所有貨幣关系的范圍，而僅是国家职能所发生的財政分配关系所涉及的范圍，其中也包括了財政分配关系中所具有的貨幣形式。

❶ 中華人民共和國憲法第一章总綱。

❷ 毛澤东："論人民民主專政"第13頁，1950年解放社版。"我們現在的任务是要强化人民的國家机器，这主要地是指人民的軍隊、人民的警察和法庭，借以保护國防和保护人民利益。以此为条件，使中國有可能在工人階級及共產党的領導下穩步地由農業國進到工業國，由新民主主义社会進到社会主义社会与共產主义社会，消滅階級和实現大同。"

❸ 租庸調：有田出租，有丁出庸，有戶出調。租是每丁歲納租粟二石或稻三斛。調是每戶納絹二匹，綾絁（紬）各二丈，綿三兩。如納布加五分之一，并輸麻三斤。庸是每丁歲役二十日，有閏加二日，不能应役，納綾絹絁每日三尺。

❹ 1953年世界經济統計資料彙編，26頁，三联書店版。

❺ 根据1955年世界知識手册，第1257頁統計数字計算的百分比。

❻ 見1955年世界知識手册，第1258頁。

❼ 見1953年世界經济統計資料彙編，26頁，三联書店版。

❽ 根据1955年世界知識手册，第1257頁統計数字計算的百分比。

❾ 中華人民共和國憲法第一章总綱第五条。

❿ 國家統計局公布的：关于1955年度國民經济計划执行結果的公报。

⓫ 李先念：关于1955年國家决算和1956年國家預算的报告。

⓬ 國家統計局：关于1955年度國民經济計划执行結果的公报。

⓭ 比例数見1956年6月李富春在全國人民代表大会第三次会議上的發言："关于我國發展國民經济第一个五年計劃的执行情况"

⓮ A.M.亞歷山大洛夫著"苏联財政"上册緒言中曾有："國家財政是屬于貨幣关系范圍內的，在貨幣关系外是不存在財政的。"1953年中國人民大学出版。

⓯ 李先念：关于1955年國家决算和1956年國家預算的报告中指出預計1956年底，在全國工業总產值中，國营工業占63.8%，合作社营工業占4.7%，公私合营工業占31.1%，私营工業占0.4%。

⓰ 同⓯报告中指出在手工業总產值中，手工業生產合作社、供銷生產社和生產小組的產值將占72.5%。

⓱ 同⓯报告中指出，到1956年底，預計在社会商品零售总額中，國营和合作社营商業的比重將上升到60.5%，公私合营商業和合作商店的比重將上升到25.5%，私营商業的比重將下降到8.9%，而農民貿易將占5.1%。

⓲ 鄧子恢在全國農業劳动模范代表会議上的报告（見1957年，2月22日人民日报）

“国家分配论” 的产生与发展

许　毅

本文认为，党的十一届三中全会以来，“国家分配论”的发展主要体现在两个方面：一是运用马克思主义再生产原理去分析财政分配在社会再生产中的地位和作用，着重研究了分配结构对形成合理的国民经济结构的作用；二是从生产资料所有制这一社会经济结构的主要标志出发，深入研究财政分配与社会经济结构的关系，特别是财政分配对形成新的经济形式的作用。“国家分配论”把分配置于马克思再生产原理四个环节的中介地位，把财政置于生产力与生产关系、上层建筑与经济基础的矛盾运动中，突破了过去那种收、支、平、管的旧体系，形成了一个财政与经济交织、分配关系与生产力相互制约、上层建筑与经济基础相互作用的新的财政学体系。

“国家分配论”的产生有一个历史的形成过程。也就是说它的产生有它的历史条件和思想渊源。下面我就这一问题谈点看法。

（一）

我国是一个有着悠久历史的多民族统一国家，财政历来是我国统治阶级进行阶级统治，代表本阶级利益，维护本阶级利益，调节各个阶级收入分配，巩固一定的生产方式的强有力手段。在这种财政实践的基础上，我国古代的财政学说虽然从总体上看还谈不上系统全面，但是确实有不少真知灼见。诸如，“利出一孔”思想、“轻重”理论、仓储理论以及“取之有度、用之有方”等。“利出一孔”，是我国古代一个十分宝贵的思想，它强调封建王国应掌握分配大权，封建国家利益高于一切。春秋时期的思想家管子说：利出一孔者其国无敌，出二孔者其兵不诎，出三孔者不可以举兵，出四孔者其国必亡。用今天的话来说，就是国力要集中，不应分散。当然，在当时的历史条件下，要加强中央的权威，加强财政的权威，是为巩固封建主义生产方式和封建专制主义的上层建筑服务的。就它反对分权割据及其作为摧抑兼并的思想武器来说，它又具有时代与历史的进步性。根据马克思主义的原理，凡是有阶级存在就有国家存在，从而也就有执行国家职能的财政存在。这就是说，有一定的经济基础就有一定的上层建筑，有一定的生产力就有一定的生产关系，从而有一定的生产方式所决定的社会经济形态和竖立其上的上层建筑与意识形态。这是不以人的意志为转移的客观规律性。“轻重”理论，是国家针对流通领域的控制而言的。“轻重”理论的主张者认为：国家必须掌握粮食、钱币这两种东西，才能根据市场的变化，“敛之以轻，散之以重”，达到“以重射轻，以贱射平”，从而调节供求，稳定市场。与“轻重”理论有密切关系的是我国古代的仓储理论。“国无九年之蓄曰不足，无五年之蓄曰急，无三年之蓄曰不能立国”，《周礼》上的这一原理和西汉时贾谊的“夫积贮者，天下之大命也。苟粟多而财有余，何事而不成”以及“取之有度、用之有方”的道理，都是国家对经济、对市场、对各阶层的调节职能。我的认识是：古人说的“度”，是指的生产多少，能取多少而无伤于民（包括各阶级）的度。因而度，无疑是生产力水平决定的国民经济能力即国力。古人说的“方”，是指合理的开支，有利于国民经济的稳定发展和人民生活的改善及社会的安定。其中以社会安定为主体，有利于统治阶级专政的需要。在这里有朴素的辩证唯物主义思想。

1840年，西方资本帝国主义凭借枪炮用武力打开中国大门，在“西学东渐”的欧风美雨中，西方的财政学说传入中国，一时间，边际效应、公共产品论风靡一时。这些理论，无疑反映了资本主义生产方式的本质，即一切对应于资本主义私有制这个经济基础，而把国家集中的部分称为公共服务的公共产品，并从资本增值的角度来研究资金效用的道理。无疑这对巩固资本主义国家统治、维护资产阶级利益、模糊阶级剥削关系来说，是有它自己的道理的。但这时马克思主义已经产生，劳动创造价值已经揭开了资本剥削与劳动人民对立的面纱。因而，从劳动人民的立场出发，指出它是资产阶级学者为维护资本主义统治的学说，所以把它称为“庸俗”的经济学说。正如恩格斯在批判德国经济学时所指出的那样，由于德国资本主义在很长一段时间内比较落后，因此当英国和法国的经济学输入德国时，“从那些耍笔杆的投机家、商人、学究和官僚的杂凑班里，产生了德国的经济学著作，这种著作就其乏味、肤浅、空洞、冗长和抄袭情况来说，只有德国的长篇小说才能与之相比"。恩格斯的这一论断，也同样适合于我国近代经济学舶来品。由于这种经济学说不能也不可能回答中国半殖民地半封建社会的实际问题，因而随着代表大资产阶级的国民党政权的垮台，它在中国也就没有了立足之地。

同一时期，随着俄国"十月革命"的一声炮响，马克思主义传到了中国。马克思主义经济学说成为早期中国共产党人分析中国实际问题的强大思想武器。除老一辈无产阶级革命家毛泽东、刘少奇、邓小平、陈云等人外，在经济学界中，当以王亚南、郭大力、许涤新、薛暮桥等最为突出。相对于马克思主义政治经济学而言，马克思的财政学说在中国的传播要晚了许多。中国新民主主义财政理论是在农村革命根据地的土壤中产生的。中国共产党领导人民走农村包围城市的道路，在农村建立革命根据地。在革命根据地，财政工作受到重视。毛泽东的《抗日时期的经济问题与财政问题》一文，对革命根据地的财政经济工作进行了总结。在这一部不朽的名作中，毛泽东提出了革命根据地财经工作的总方针，这就是"发展经济、保障供给"。这个总方针强调："财政政策的好坏固然足以影响经济，但是决定财政的则是经济。未有经济无基础而可以解决财政困难的，未有经济不发展而可以使财政充裕的。"这就是毛泽东同志从中国的实际引申出的马列主义。不仅如此，毛泽东还概括了革命根据地财政工作的总原则，这就是"取之于民，用之于民"的原则。毛泽东指出，"我们一方面取之于民，一方面就要使人民经济有所增长，有所补充……使人民有所失同时又有所得，并且使所得大于所失。”[①] 毛泽东的这些思想与原则，为财政工作者正确认识财政的性质，克服就财政论财政的错误倾向，真正把财政放到社会再生产中加以考察，立足生产力的发展，探讨财政与国民经济的关系指明了方向。

（二）

新中国成立以后，为了迅速医治战争创伤，结束连续 12 年的通货膨胀，支持抗美援朝，我党贯彻“边抗、边稳、边建”的方针，集中力量统一财经，在短短的时间内就实现了财政经济状况的基本好转。面对这种情况，西方资本主义大国不得不承认它们所说的共产党搞军事打 100 分，搞政治得 80 分，搞财政经济得 0 分的预言是错误的。现在看来，财政经济基本好转的关键在于统一财经。如果当时听任分散的财经局面继续存在下去，后果是不可想象的。关于这一点，我们现在还有一些人在那里说三道四，说什么“统一财经工作错了”。这种人如果不是对当时的实际情况不了解或未加研究，那就是别有用心了。

常言说得好，“实践是真正的老师”。新中国成立后的第一仗——统一财经打得十分漂亮，财政确实发挥了前所未有的作用。国民经济恢复后，经济建设的繁重任务摆在中国人民面前，财政理论与实践的好坏，直接关系新中国经济建设的成败。以毛泽东为核心的中国共产党第一代领导集体对财政工作是极端重视的。由于社会主义建设事业是前无古人的伟大工程，毛泽东等老一辈领导人在实

① 毛泽东选集：第 3 卷［M］. 北京：人民出版社，1991：891.

践中探索前进，特别注意及时总结并上升到理论高度。“一五”时期，在资本主义包围封锁下，我国采取了自力更生为主、争取外援为辅的方针。我国社会主义经济建设事业得到了苏东社会主义国家的援助，经过以苏联援助的156个项目为中心的建设，我国工业体系与国民经济体系基本建立起来。在这个过程中，财政的作用得到了充分的发挥。在这个伟大实践的基础上，老一辈无产阶级革命家对财政问题的认识也就不断深化了，提出了一些很有见地的意见与思想。诸如国家预算里面反映着国家的政策，我们的国家预算是生产的预算、建设的预算的思想。特别是在实践中遇到的问题，如1956年，由于没有认识到当时生产虽然增长了，人民生活得到了初步改善，但尚不富裕，储蓄存款很少，银行对企业又要保证提供流动资金，在这样的情况下，动用了财政结余，以至于人民生活的改善与国家建设的速度没有考虑到国力，因而造成了“小冒进”。在总结这个经验教训的基础上，毛泽东提出了“十大关系”；薄一波提出了“二三四”论断；陈云提出了“建设规模要和国力相适应”的“国力论”，以及三大平衡、四大平衡等著名论断等。这些论断，在一定程度上肯定了财政是实现国家职能的杠杆，也确认了财政在社会再生产中的地位，这无疑对中国社会主义财政理论的发展起到了极为重要的推动作用。

就在我国进行社会主义建设的过程中，苏联的财政理论也伴随着它的援华项目一道被介绍到中国来。当时苏联理论界关于财政本质的认识主要有三种。①货币资金论。这一主张认为：财政是集中性货币基金和非集中性货币基金的总和，它是国家用于保证社会主义扩大再生产和社会主义上层建筑行使职能的需要。②经济关系论。这一主张认为：财政是一种经济关系，是生产的经济方面的一个要素，是社会主义分配关系的一个组成部分。③货币关系体系论。这一主张认为：财政是一种货币关系体系，借助于这种关系，通过对收入和积累的分配，适应国家职能的需要，有计划地形成和使用国家集中性货币基金和非集中性货币基金。这些主张，尽管其立足点不尽相同，但均把财政和国家职能联系起来，对于以后中国财政理论界进一步探讨财政与国家的本质联系具有很好的启迪作用。我开始也是从这里学起的。

有了上述的财政实践活动和思想养分，中国财政理论界在对财政本质的认识上，逐渐形成了“价值分配论”“国家资金运动论”“国家分配论”几个主要流派，再加上从西方引进的“共同分配论”，财政学界确实是出现了百家争鸣的局面。但是我们经过了“大跃进”的大挫折和第一次国民经济大调整的实践，更进一步认识到：财政分配对国民经济建设，必须符合社会主义生产目的性，需要是目的、是动力；生产是手段、是条件；而分配、交换是中介，必须符合生产和消费的需要。所以我们认识到：唯意志论不行，唯生产力论也不行。上层建筑的能动性，必须建立在认识客观规律的基础上，主观能动性、积极性是可嘉的，规律是不可违背的。经过挫折与反思，国家的主导作用、财政的制导作用，已经得到证明。所以，“国家分配论”也就自然而然取代其他各派学说而成为主流学派。1964年，第一次全国财政理论讨论会在辽宁省大连市召开，这是我国财政理论界的一次盛会。在这次盛会上，与会的大多数接受了“国家分配论”，从而也就奠定了“国家分配论”在财政学界的主流学派的地位。

需要说明的是，在这个阶段，“国家分配论”的立论者大多是从国家和财政有无本质联系入手的。他们从浩瀚的历史海洋中寻找素材，探求财政演变的足迹与规律性。立论者认为：财政随国家的产生而产生，随国家的消亡而消亡，没有国家就没有财政；同时，财政又是国家赖以存在和发展的物质基础；在财政分配中，在很长的历史发展阶段，财政是采取实物分配的形式，只是随着商品经济的日益发展，财政分配才愈来愈采取货币分配的形式。这样，立论者就在消化、吸收苏联理论界“货币关系体系论”的基础上，完成了对“货币关系体系论”的扬弃，树立了国家与财政有着本质联系的论点。现在看来，这一点对于“国家分配论”的形成十分关键。承认不承认这一点，是区分是不是“国家分配论”者最起码的标志。从现有的材料来看，20 世纪 60 年代大多数人接受“国家分配论”，主要是指他们共同感受到了国家和财政有着本质联系而言的。但仅有这一点又是很不够的，所以在 1965 年第二次全国财政理论讨论会上，就提出了大核算与小核算即国民经济范围核算与企业单位经济核算关系，财政分配、信用分配与价格分配的关系问题以及企业财务体制的改革即集权与分权的问题。但所有这些都因为“文化大革命”还没有展开就中断了。尽管这样，这一时期的“国家分配论”，还是有深化与发展的。

党的十一届三中全会以来，理论探讨之风再次吹拂中华大地，财政科学也和其他科学一样，迎来了它的繁荣的局面。“国家分配论”也在发展中，并主要体现在两个方面：一是立论者深入挖掘了马克思恩格斯等经典作家的财政思想，并运用马克思主义再生产原理去分析财政分配在社会再生产中的地位和作用，着重研究了分配结构对形成合理的国民经济结构的作用，把毛泽东的经济决定财政、财政影响经济的辩证关系作了科学的分析与发展。二是从生产资料所有制这一社会经济结构的主要标志出发，深入研究财政分配与社会经济结构的关系，特别是财政分配对形成新的经济形式的作用，从而使生产关系如何适应生产力的发展这一规律更加明确了。这样，“国家分配论”就把分配置于马克思再生产原理四个环节的中介地位，把财政置于生产力与生产关系、上层建筑与经济基础的矛盾运动中。在这个基础上建立的财政学就突破了过去那种收、支、平、管的旧体系，形成了一个财政与经济相互交织，分配关系与生产力相互制约，上层建筑与经济基础相互作用的新的财政学体系。

（三）

有人说我是“国家分配论”的创始人。其实，这话是不准确的。前面已经说过，“国家分配论”是许多经济学家的共识。而我国财政学界的老前辈早就有了一些立论。如辽宁大学的罗毅教授在1950年出版的《财政学》中，就已提出这个观点。再如西南财经大学的许廷星教授，在1957年的论文中也提出了这个观点。当然，作为财政战线的一员老兵，我也参与了这一重大理论问题的思索与探讨。当时我在这方面的主要论点有五：第一，财政学必须根据马克思社会再生产原理的生产、交换、分配、消费四个环节的中介地位，明确财政分配是一般分配中分化出来独立出来的分配范畴，不能摆错位置。第二，分配关系是生产关系的一个方面，生产关系虽然能反作用于生产力，但生产力是决定的因素。第三，生产关系再生产是受生产力再生产规律制约的，所以研究分配规律应先把生产力再生产的规律研究清楚。根据马克思“需要是同满足需要的手段一同发展，并且是依赖这个手段发展的”生产力再生产规律，财政分配在生产力的再生产中，必须以生产力三要素为出发点，在利益的分配上，必须以调节生产关系适应生产力水平为出发点，这是为发展生产力扫除障碍的手段，因而在分配结构上，应以马克思主义三大基金和六项扣除为依据。第四，财政学不只是抽象地研究收支关系，而应该深入到收支这两个侧面——积累和消费，按六项扣除原理去探讨每一个侧面的安排如何适应基本经济规律，否则就会只剩下一堆空洞无物的东西。第五，财政学的研究必须下联系到生产力、上联系到上层建筑（即国家职能），并把生产关系上升到生产方式的高度。

随着经济改革特别是财政改革的步步深入，财政实践更加丰富，需要解决的矛盾与问题也就越多。在这个时刻，财政理论的研究应该更加深化与系统。然而，在这个时候，随着国民收入格局的变化、财政分配实现方式的多样化，我们的一些同志明显地不能适应这种变化。于是，他们在财政分配的经济性质与社会形式的关系以及财政分配与生产方式内在联系的理解上产生了疑惑，在财政学的研究中也就出现了把“国家分配论”狭窄化的倾向。其典型表现是，片面强调财政分配的独立性、强制性、无偿性、服务性。做财政工作的不研究财源，不培养税源，即不研究解放生产力发展生产力；管分配的不研究分配方式与交换方式和社会主义经济运行机制。因而也就丧失了对财政经济工作的发言权。结果是：终日坐在米坛上数米粒，别人认为米坛子里的米多了，就向外撒一把；发现米坛子里的米不够吃了，就再设法去抓一把。近几年来财政工作陷入进退维谷的困境，原因就在这里。

恩格斯说得好："一个民族要想站在世界的最高处，就一刻也不能没有理论思维。"随着新世纪的临近，我一直在考虑把我这些年来对这些问题的思考整理出来。于是我联合老中青三代人推出了《走向新世纪：中国财政经济理论丛书》。这一丛书力图从分配方式与生产方式、财政政策与经济运行、国家职能与经济基础的辩证关系出发，系统总结新中国成立以来特别是改革开放以来财经工作实践经验，借鉴各国经济学科优秀成果，以生产力结构优化为核心，以要素分配与利益分配的协调为基点，完善与发展"国家分配论"的理论体系。丛书出版后，得到了有关方面和有关人士的高度评价。有人认为，丛书的出版，是"对传统的财政理论发起一场财政学的革命"[①]。

作为丛书的主编，我深知这仅仅是一个开端，有许多问题还需要深入研究。我曾经说过，深入研究生产与消费的矛盾，并以此研究分配、交换两个中间环节的客观规定性，是财政学科的难点所在，也是整个经济学科的难点所在。在这个问题上，西方经济学在一个相当长的时期内是采取回避矛盾的态度的。诚如西方瑞典学派代表人物冈纳·米尔达尔（他承认"生产和分配在同一个宏观体系内是互相关联的"）所说：西方"传统的经济理论，比较明确的是从约翰·斯图亚特·穆勒开始，是把两类问题区别开来的：一类是生产问题（包括交换），另一类是分配问题"。他还指出："从穆勒以来，经济学家们利用这个划分作为手段集中研究论述生产问题，

① 陈共. 评《走向新世纪：中国财政经济理论丛书》［J］. 财政研究，1994（6）.

避而不谈分配问题。他们通常对分配问题只是抱普遍保留的态度，然后认定，分配无非货币收入的简单问题。”① 自瑞典学派、福利经济学特别是凯恩斯主义出现以后，这种情况才有一些改善。但从总体上看，他们的论述谈不上是系统的，更不用说科学了。至于西方公共产品理论，则是实用主义的，是粉刷阶级矛盾的庸俗资产阶级经济学的典型（我将另外专作评论）。只有马克思等经典作家对此有过一些原则的分析。在21世纪即将到来之际，我们更应该认真学习理论，特别是马克思主义理论，批判地吸收西方经济学的一切有益和有用的成果，不追风、不盲从，勇于并敢于挑起这一重担来。

总而言之，前面我用较大的篇幅介绍了“国家分配论”的产生和发展的情况。现在可能有人会问，随着社会主义市场经济体制的提出与确立，这个在传统计划经济条件下产生的理论，是否仍有其生命力呢？回答是肯定的。之所以这样说，是因为：第一，“国家分配论”植根于对几千年人类历史发展中财政活动本质的深刻认识，依赖于科学的马克思主义政治经济学和国家学说。这是“国家分配论”赖以存在的前提条件。第二，“国家分配论”把分配、交换这两个不同的社会再生产中介环节加以区别，揭示财政分配与社会再生产过程四个环节之间的相辅相成的辩证关系，从而搞清楚财政分配对象是社会总产品和国民收入的分配和再分配，避免了用货币关系归纳财政本质所造成的模糊性。这是它的主要贡献。第三，

① 冈纳·米尔达尔. 反潮流：经济学批判论文集［M］. 陈羽纶，译. 北京：商务印书馆，1992：13.

"国家分配论"辩证地将经济基础与上层建筑联系起来，指出分配关系属于经济基础，分配活动和形式则是国家以预算、税收杠杆等和以政策手段如价格、工资、信贷、利率、汇率等杠杆运用法权参与的政务活动，是上层建筑处理分配关系的能动方式。第四，"国家分配论"揭示了财政分配方式在不同的生产方式下具有的特殊性。也就是说，在一切剥削阶级社会中，财政分配是对劳动人民的"第二重剥削"。只有在社会主义条件下，财政分配才具有对社会产品和国民收入进行"取之于民，用之于民"的社会扣除的性质。一句话，"国家分配论"正确认识了财政的本质、主体、目的，搞清了财政分配与其他分配形式的制约关系，以及分配与交换，特别是商品交换中的价值运动和物资运动的关系。同时，"国家分配论"对财政政策的形成依据和财政分配与生产方式的联系，开辟了深化探讨的道路。因此，我可以得出结论，在此基础上构筑的"国家分配论"这一广义财政学新体系，绝不会因经济体制的转换而丧失其存在的条件。当然，无可否认，随着历史的发展，"国家分配论"在不同的历史时期、不同的历史阶段，其表现形式、作用范围与作用方式是不相同的。在社会主义市场条件下，"国家分配论"的表现形式、作用范围、作用方式肯定会与计划经济条件下有所不同，而这正是时代赋予我们理论工作者所要着重研究的新的光荣的课题。关于这个问题，容我将在以后作专门论述。

作者单位：财政部科研所

继往开来　深入发展“国家分配论”

——纪念许廷星教授专著《关于财政学的对象问题》出版50周年

许　毅

许廷星教授是我国著名的财政学家，早在新中国成立前他已开始从事财经研究，新中国成立初期曾在财经实务部门工作，后一直在西南财经大学任教，并兼任中国财政学会常务理事和四川省财政学会副会长，为我国财经科研事业的发展做出了重要贡献。

众所周知，许廷星教授是我国学术界中较早倡导“国家分配论”的学者之一，他在1957年出版的《关于财政学的对象问题》一书中即提出了“国家分配论”的基本观点。同时也是因此，我与他在学术上的交往也跨越了半个世纪。多年来，在财政本质等问题进行研讨的过程中，许廷星教授“不唯上，不唯书，只唯实”的科研精神，扎实严谨的学风，精深的学术修养都给我留下了深刻印象。

作为一名财政学家，许廷星教授著述颇丰，其中在学术界影响最为广大、意义最为深远的当属他围绕“国家分配论”所提出的具有开创性的观点。客观地说，许廷星教授并不是提出“国家分配论”的第一人，但在其他学者的研究基础上，他就这个财政本质问题所做的归纳总结和深刻阐述对“国家分配论”这一我国财政学主流学派的形成有着重大贡献，从而当仁不让地成为“国家分配论”的积极倡导者之一。

一、对“国家分配论”产生和发展过程的回顾

新中国成立以后，我国进行社会主义建设的过程中，苏联的财政理论伴随着它的援华项目一道被介绍到我国来，并成为我国经济建设的指导性理论。当时苏联主流的财政本质理论是“货币关系论”。这一主张认为：财政是一种货币关系体系，借助于这种关系，通过对收入和积累的分配，适应国家职能的需要，有计划地形成和使用国家集中性货币基金和非集中性货币基金。这一理论将财政和国家职能进行了联系，但问题在于货币关系只是货币职能的一个表现形式，它并不能反映经济现象的本质。它以现代财政分配采用价值形式为依据，但价值形式仅仅是分配关系的实现形式，本身是流通领域中交换关系的表现形式。把财政分配归纳为货币关系，容易把分配与交换相混淆，不易认识财政这个特定中介环节的作用，从而也忽略了商品交换的市场机制。为此，从经济建设实践出发，我国的财政学者开始了对财政本质论的新的探索，也正是在此期间，“国家分配论”经历了从产生到发展，最终成为主流学派的过程。

“国家分配论”观点的提出，最早可以追溯到著名经济学家千

家驹于1949年10月出版的《新财政学大纲》一书。他指出财政是国家的经济，是为维持这个统治工具的存在和发挥这个统治工具的职能而必须有的经济。1951年，辽宁大学丁方、罗毅二位教授出版的《新财政学教程》一书将财政归纳为是国家为满足它的需要而进行的社会财富的分配与再分配的经济行为，从而提出了“国家”和“分配”这两个属于财政本质的重要特征。1953年，经济学家尹文敬在他撰写的《国家财政学》一书中明确提出了财政的阶级性问题，认为财政的存在是为了实现国家职能，是为统治阶级服务的，因此国家的本质决定了财政的本质。

在新中国成立后的中苏关系友好阶段，“货币关系论”被奉为财经工作的根本指导思想，应当说在这样的情况下，上述财经学者围绕着财政本质所进行的独立探索是难能可贵的，也表现出了很大的学术勇气。

1957年，许廷星教授的专著《关于财政学的对象问题》出版，书中用大量篇幅系统剖析了财政本质问题。他指出，财政学的对象是国家关于社会产品或国民收入分配与再分配过程中的分配关系，也就是人类社会各个发展阶段中国家对社会的物质资料的分配关系。同时，他认为财政与国家职能的关系密不可分，财政作为分配关系具有其一般性和特殊性。许廷星教授的这些观点，既吸收了其他学者的有益研究成果，又对“国家分配论”观点进行了独到的归纳阐述。他的阐述，在一定程度上标志着“国家分配论”观点的成熟，而他的积极倡导，对“国家分配论”最终成为我国财政学的主流学派也有着重要的推动作用。

有人说我是“国家分配论”的创始人，这种说法是不对的。我只是就“国家分配论”较早展开研究的学者之一，并借财政部科研所这块财经科研阵地为推广“国家分配论”做出了自己作为一名科研组织工作者应有的贡献。1964年1月14日，国务院正式任命我为财政部财政科学研究所所长。此后我向财政部党组提出，如果对社会主义国家财政本质、财政职能等重大问题缺乏认识，将不利于科学地制定财政工作的指导方针和政策，因此很有必要召开一个专门的讨论会来探讨中国社会主义经济建设的规律，研究国家财政在其中的地位和作用。这个意见被部领导采纳，部党组派陈如龙副部长主持这次会议。同年8月，由财科所负责组织的全国财政理论讨论会在辽宁财经学院（今东北财经大学）召开。财政理论研究人员、教学工作者和实际部门工作者聚集一堂，共同探讨中国社会主义财政理论问题，许廷星教授也出席了这次盛会并在会上发表了他的观点。当时与会的大多数同志接受了“国家分配论”，从而奠定了“国家分配论”在财政学界的主流学派地位。

作为财政战线的一员老兵，会前会后我也一直在参与这一重大理论问题的思索与探讨。当时我的主要论点有五点：第一，财政学必须从马克思主义再生产原理出发，明确财政分配是一般分配中分化出来独立出来的分配范畴，不能摆错位置。第二，分配关系是生产关系的一个方面，生产关系虽然能反作用于生产力，但生产力是决定的因素。第三，生产关系再生产是受生产力再生产规律制约的，所以研究分配规律应先把生产力再生产的规律研究清楚。根据马克思“需要是同满足需要的手段一同发展，并且是依赖这个手段发展的”生产力再生产规律，财政分配在生产力的再生产中，必须以生产力三要素为出发点，在利益的分配上，必须以调节生产关系适应生产力水平为出发点，这是为发展生产力扫除障碍的手段。因而在分配结构上，就以马克思主义三大基金和六项扣除为依据。第四，财政学不只是抽象地研究收支关系，而应该深入到收支的两个侧面——积累和消费，按六项扣除原理去探讨每一个侧面的安排如何适应基本经济规律，否则就会只剩下一堆空洞无物的东西。第五，财政学的研究必须下联系到生产力、上联系到上层建筑（即国家职能），并把生产关系上升到生产方式的高度。

需要说明的是，在这个阶段，“国家分配论”的立论者大多是从国家和财政有无本质联系入手的。他们从浩瀚的历史海洋中寻找素材、探求财政演变的足迹与规律性。立论者认为：财政随国家的产生而产生，随国家的消亡而消亡，没有国家就没有财政；同时，财政又是国家赖以存在和发展的物质基础；在财政分配中，在很长的历史发展阶段，财政是采取实物分配的形式，只是随着商品经济的日益发展，财政分配才愈来愈采取货币分配的形式。这样，立论者就在消化、吸收苏联理论界“货币关系论”的基础上，完成了对“货币关系体系论”的扬弃，树立了国家与财政有着本质联系的论点。现在看来，这一点对于“国家分配论”的形成十分关键，承认不承认这一点，是区分是不是“国家分配论”最起码的标志。从现有的材料来看，20 世纪 60 年代大多数人接受“国家分配论”，主要是指他们共同感受到了国家和财政有着本质联系而言的。但仅有这一点又是很不够的。为此，1965 年 8 月，在陈如龙副部长的主持下，财科所在北京召开了第二次全国财政理论讨论会。会议重点讨论了“国家和企业之间的财务关系”“财政和价格在国民收入分配中的作用与相互关系”两个问题，提出了大核算与小核算即国民经济范围核算与企业单位经济核算关系，财政分配、信用分配与价格分配的关系问题，以及企业财务体制的改革即集权与分权的问题。大家认为，国家和国有企业之间的财务关系是全民所有制内部生产关系的一个重要方面，它是从分配方面处理国家与企业、整体与局部之间的集权与分权关系，国家计划与企业相对独立经营的关系。同时，财政与价格之间存在密切的联系，价格的变动会影响财政分配，改变国民收入在国家、职工、农民间的分配比例，价格在处理交换关系和分配关系时会产生矛盾。解决这种矛盾，要在发展经济、保障供给的总方针下，把价格手段和财政手段更好地结合起来。两次财政理论讨论会，使一些人们关心的重大财政理论问题得到明确，对当时财政政策的制定发挥了重要作用。尽管这些重大问题的研究因为“文化大革命”的开始而中断，但这一时期的“国家分配论”还是有所深化与发展的。

粉碎“四人帮”之后，随着党的十一届三中全会的召开，理论探讨之风再次吹拂中华大地，财政科学也和其他科学一样迎来了繁荣发展的局面。这一时期“国家分配论”的发展主要体现在两个方面：一是立论者深入挖掘了马克思恩格斯等经典作家的财政思想，并运用马克思主义再生产原理去分析财政分配在社会再生产中的地位和作用，着重研究了分配结构对形成合理的国民经济结构的作用，把毛泽东的经济决定财政、财政影响经济的辩证关系作了科学的分析与发展。二是从生产资料所有制这一社会经济结构的主要标志出发，深入研究财政分配与社会经济结构的关系，特别是财政分配对形成新的经济形式的作用，从而使生产关系如何适应生产力的发展这一规律更加明确了。这样“国家分配论”就把分配置于马克思再生产原理四个环节的中介地位，把财政置于生产力与生产关系、上层建筑与经济基础的矛盾运动中。在这个基础上建立的财政学，就突破了过去那种收、支、平、管的旧体系，形成了一个财政与经济相互交织，分配关系与生产力相互制约，上层建筑与经济基础相互作用的财政学体系。

改革开放之初，为了紧密联系社会上的理论工作者、教学工作者和业务部门的实际工作者，使专业理论研究在普及的基础上能够得到进一步提高和发展，财政学界、会计学界的一批知名人士呼吁成立中国财政学会和中国会计学会。身为组织者之一，我亲历了两个学会的筹建过程。

1980 年 1 月，中国财政学会和中国会计学会成立大会暨第三次全国财政理论讨论会在广东佛山召开，这同时也是改革开放后的第一个大型财政理论研讨会。会议着重讨论了社会主义财政在国民经济中的地位和作用、财政分配结构对经济结构的能动作用、财政在国民经济综合平衡中的地位和作用、财政如何运用国民经济核算方法达到提高经济效果的目的、国家与国有企业的财务关系、国家与集体经济之间的分配关系等问题。1982 年 11 月，由中国社科院财贸所发起的全国财政基础理论讨论会在厦门大学召开，会议集中研讨了财政的本质问题。通过这两次会议的讨论，“国家分配论”的理论体系和主要观点基本定型，财政学主流学派的地位也得到了巩固。

总体来说，“国家分配论”的主要贡献在于把分配、交换这两个不同的社会再生产中介环节加以区别，表明了财政分配与社会再生产过程四环节之间相辅相成的辩证关系，从而搞清楚财政分配对象是社会总产品和国民收入的分配和再分配，避免了用货币关系归纳财政本质所造成的局限性和模糊性。特别是辩证地将经济基础与上层建筑联系起来，指出分配关系属于经济基础，分配活动和方式则是国家以预算收支、税收、财政补贴杠杆等直接调控手段和以政策手段即间接调节手段如价格、工资、信贷、税率、利率、汇率等杠杆运用法权参与分配的政务活动，是上层建筑处理分配关系的能动方式；同时，提示财政分配方式在不同的生产方式下具有的特殊性，社会主义生产方式决定了社会主义财政分配本质上是对社会产品和国民收入进行“取之于民，用之于民”的社会扣除，不具有剥削性。其主要观点包括如下四个方面：

（1）主体论。财政分配的主体是国家。因此，国家分配论认为，要通过以国家为主体的财政分配，调整生产关系，使生产关系与生产力相适应，促进生产力的发展。因此，以国家为主体的财政的职能，一是要通过财政调控手段，调整好生产关系；二是要利用财政政策，调节生产力结构，以促进社会再生产的顺利进行。

我国的经济基础是以公有制为主体，多种经济成分并存。这是社会主义生产方式的实现形式，是促进小生产走向大生产、小商品走向大市场的需要，是社会主义初级阶段的根本要求。因此，我国的财政工作也不能因多种经济成分并存而忘记了其目的，必须以生产资料公有制为主体，通过国家分配，达到发展社会主义生产的目的。

（2）制导论。以国家为主体的财政的两方面的职能，决定了分配的目的是制导生产力的发展和生产关系的调整，而不是简单地对预算收入的再分配，更不是简单地制造公共产品，限于公共消费。

因此，财政学研究的内容，应该包括如何通过分配和再分配，消除三大差别；如何通过分配环节，来制导生产、消费和交换，使社会再生产得以顺利、有序、高效地运行。使市场配置资源基础性作用得以实现。

制导论的另一层意义是：国家对经济的制导是主观在认识客观规律的基础上发挥其主观能动性，而不是瞎指挥。财政制导论必须是科学的、发挥主观能动性的制导。

（3）结构论。由于社会再生产的四个环节是十分相关的，每个环节对其他三个环节都会产生很大的影响。因此，结构论的研究对象，就是要从再生产四个环节入手，研究财政如何采取措施，影响另外三个环节，并通过社会再生产的运行，体现国家的意志，以确保国民经济的持续、稳定、快速发展。

实际上，结构论在财政工作实际中已经得到了广泛的使用。财政学界经常讲，研究财政，要有经济—财政—经济的观念，财政工作中，我们也十分强调培养财源、涵养税基。这些提法，实际上就是结构论的具体体现。

（4）机制论。分配涉及各方面的利益关系。机制论，就是研究利益关系。每个政策的变化，都会影响各方面的利益，因此，必须通过机制的研究，确定最佳的利益分配格局。

由于以社会主义国家为主体，因此，财政机制必然要充分运用法律、行政、经济、教育等手段，正确处理好国家、集体（企业）、个人以及各级政府之间、区域之间的分配关系。由于存在着资产阶级法权，因此，财政机制必然要考虑利益机制，按照权责利相结合的原则，充分运用各种经济手段。

机制论的另一个重要内容，就是在研究清楚如何利用法律、行政、经济和教育手段之后，更重要的是，研究如何使这几种手段能有机结合起来，形成一个比较科学合理的财政分配机制，使我们的财政工作能真正符合国家与人民的利益，体现国家的目的。因此，我们实际工作中面临的国家预算管理、税收管理、财税制度、财政体制以及财政货币政策的配套等，都涉及这方面问题，都需要通过对机制论的研究，找出其发展规律。

总之，“国家分配论”正确认识了社会主义财政的本质、主体和目的，搞清了财政分配与其他分配形式的制约关系以及分配与交换，特别是商品交换中的价值运动和物资运动的关系。同时，对财政政策的形成依据和财政分配与生产方式的联系，进行了较为科学的阐述，开辟了深入探讨和改革上层建筑中不适应生产力发展一系列相互关系的环节和方面，以及解放生产力、发展生产力的道路。

二、适应社会主义市场经济建设需要，扭转“国家分配论”研究的“狭窄化”倾向

在经济体制改革以前，我国财政分配主要通过预算分配形式来实现。国家预算是整个国民经济的预算，它既直接安排补偿基金又直接安排消费和积累基金。国民经济的综合平衡主要通过预算收支的平衡来实现，预算内的财政分配活动占整个社会分配活动的绝大部分，预算外的财政分配活动只占很小的比例。这种情况产生于国民经济恢复时期，是在国民经济遭受长期战乱之后，生产力水平低的情况之下采取高度集中管理体制的结果。因此从形式上看，预算分配似乎就等于财政分配，预算分配又表现为政府政务活动，财政

分配的经济性质淹没在其政治形式之中。所以，伴随着经济体制改革，一些同志在国民收入分配格局发生变化、财政分配的实现方式实现多样化后，对财政分配的经济性质与社会形式的关系，以及对财政分配与生产方式内在联系的理解上产生了模糊思想。当时一种倾向认为财政预算分配已经无力再包罗一切，分权之后，预算收入仅占国民收入的19%，主张财政就此不要再介入生产建设资金的分配。但财政分配的主导地位客观上又不能被否定，财政分配始终处于利益分配格局变化的中心和焦点上，经济体制改革了，权力下放了，而经济运行的制约机制没有进行改革，“吃饭财政”的模式在实践上很难行得通，以至各种各样的财政补贴发生了，甚至企业亏损、价格调整也要财政补贴，从而导致了连年赤字，使国家财政在经济大发展中处于困境。另一种倾向仍然将预算收支等同于财政分配，忽视财政分配的其他实现形式（即政策分配的间接形式）具有制约社会分配的作用，把振兴财政单纯寄托在提高财政收入占国民收入的比重上，而把预算外资金以及整个社会资金分配活动置于财政分配职能之外，对宏观调控感到无能为力。与此相联系，财政理论研究中在如何发展和运用我国财政学的主流学派“国家分配论”上也出现了“宽派”和“窄派”的分歧。

“国家分配论”狭窄化倾向的典型表现是片面地强调财政分配的独立性、强制性、无偿性、服务性。首先，过分强调财政分配的独立性，只看到财政分配是从社会分配中分离出来的独立范畴，忽视其内在于生产方式、分配方式的基本经济性质；其次，过分强调财政分配的强制性，把国家凭借政权参与分配当成脱离经济基础的纯主观行为。把剥削阶级统治国家政权时的超经济剥削的强制行为，简单地移到社会主义社会作为财政分配的本质特征。把马克思批判剥削阶级统治的国家政权的寄生性和非生产性，也简单地搬到社会主义社会来，认为财政从社会再生产过程取走物质资料后，不可能依靠自身的投入再生产出物质资料来偿还，因而将无偿性也作为财政分配的本质特征。最后，以财政分配的独立性、强制性和无偿性为前提，引入财政分配的服务性，认为国家财政只具有外在于社会生产方式的服务性，认为社会主义财政与其他社会经济形态的财政一样，都是社会再生产有机体上的衍生物。在政策主张上，把财政分配领域和财政政策范围局限在公共服务范围和当前财政预算收支的框子内，要么强调提高财政收入比重，要么强调“放水养鱼”“分灶吃饭”，或者利改税、包干制。至于怎样调节控制经济结构，发展社会生产力，调节各阶层的利益分配，怎样转换经济运行机制、发育市场等政策目标，同扫除生产力发展的障碍、解放生产力、发展生产力挂不上钩，找不到内在的制约关系。这种勉强装配起来的理论，实质上否定了财政分配对生产、消费具有全面的、内在的、能动的和系统的联系、制导作用，实际上是受预算平衡即财政平衡的狭隘传统观点的束缚，只局限在收收支支上打圈子，不能正确分析财政收支矛盾压力的来源，从而把财政分配职能的政策作用，即调节社会总产品、国民收入，有引导地形成社会三大基金，服务于经济基础，巩固和发展社会主义生产方式，理顺经济关系，扫除生产力发展障碍的职能作用置于视野之外。特别需要指出的是，无偿性是马克思分析剥削阶级的财政实质，即针对“第二重剥削”来说的，可是把它移到社会主义来就错了。这与“取之于民，用之于民”的基本性质是不相符合的。如此来论证“国家分配论”，便脱离了马列主义、毛泽东思想的基本原理，因而迷失了方向。

我们知道，财政分配是覆盖全方位的，财政政策、杠杆、手段都是涉及和作用于社会总产品和国民收入全过程的。财政分配不仅是直接测量、统计、反映社会总产品分配流程的工具，而且具有组织和调节社会总产品和国民收入初次分配和再分配的功能，其中包括预算、税收、公债、补贴和财务管理（即对成本开支范围的管理，这里包括间接控制补偿基金的折旧，工资、奖金、劳保福利、价格、利息，以及通过财务体制利润提成和开支范围等等），可以说是无一不涉及。

为了扭转将"国家分配论"的狭窄化倾向，我曾于 1992 年发表《建立广义财政学的倡议》一文，总结了西方资本主义国家发展之后出现的两极分化和三大差别问题，认识到马克思主义提出的"解放全人类"的真正含义。以此为基础，号召广大财经工作者和学者在"国家分配论"已有的研究基础上，运用集体智慧，对传统财政理论发起一场财政学的革命，进行大胆的尝试和探索；力图以生产力结构为中心，以要素配置优化、利益分配合理化和运行机制顺畅化为基本点，从社会化大生产、大流通、大分配，即建立社会三大基金、实现六项扣除的理论为基础，为建立大流通的市场机制、建立社会主义市场经济的新秩序，创建具有中国社会主义特色的广义财政学体系，开展多方面的理论研究。同时，依照从结构到机制的思路重新构建具有中国特色的社会主义分配体制和政策体系，以解放和发展生产力为主线，揭示社会生产力发展的不同阶段上，生产方式制约分配方式和财政分配方式的一般规律和特殊规律，据此来阐明分配如何反作用于生产方式，推动社会生产力的稳步持续发展。

广义财政学的基本思路是：牢牢把握财政是国家重要职能的观点，充分发挥国家在分配中的主体地位和公有制在经济基础上的主体地位，坚持“主体论”；坚持上层建筑对经济基础的反作用，重塑财政的宏观调控职能地位，实行国家分配的“制导论”；认清中国社会生产力的发展要求，充分发挥财政在调整国民经济结构中的作用，发展“结构论”；充分利用市场机制，改进财政运行机制，完善“机制论”。只有这样，我们的财政工作才能真正做到为社会生产力发展要求服务，为社会主义先进文化的发展服务，为广大人民的根本利益服务，才能使我国的财政为实现社会主义市场经济的宏伟目标做出应有的贡献。提出研究广义财政理论体系的命题，目的也正是从生产方式与分配方式、经济运行与财政政策、经济基础与国家职能的辩证关系入手，以生产力结构优化为中心，以生产力要素配置和物质利益分配之间相互协调为基点，完善与发展“国家分配论”的财政体系，拓展财政科学研究视野，在更广阔的范围重新研究财政理论和政策。

三、“国家分配论”与公共财政的辩证关系

1992年，党的十四大报告确立了中国社会主义市场经济体制，为配合市场经济建设，我国关于公共财政改革的研究和讨论逐渐兴起，建立公共财政的呼声愈加高涨。1998年的全国财政工作会议第一次提出了建设公共财政的要求，党的十五届五中全会明确将建立公共财政初步框架作为“十五”时期财政改革的重要目标，党的十六届三中全会进一步提出了健全公共财政体制的改革目标。经过

十几年的努力，我国社会主义公共财政理论框架已基本建立。伴随着这一过程，学术界和实务界也出现了有关“‘国家分配论’已经过时”的说法。这种观点认为，“国家分配论”是为计划经济服务的，市场经济条件下政府职能的公共化决定了财政的公共取向，以市场作为资源配置的基础方式，其财政模式就必然应该是公共性质的或趋向于公共化的，相应地，他们将公共财政的目标定位于弥补市场失灵。

实际上，因为这些同志不了解我们社会主义社会制度、发展阶段、文化背景等方面同西方资本主义国家都存在着根本的差别，使得他们主张的理论、政策与当前的实际出现了一定的脱节。

我国当前处在社会主义初级阶段，从这个前提出发建设和发展好社会主义是全国各族劳动人民的根本意志所在，从而也是整个国家的根本发展目标。财政是国家为了维护和巩固阶级统治，维护和发展自己的经济基础，而凭借政治权力参与社会产品分配的一种特定的分配关系。正如列宁所说的：任何一种社会制度，只有在一定阶级的财政支持下才会产生。财政作为实现国家职能的手段，它的职能显然必须以此作为根据，它的一切发展研究与创新也必须以此作为根本原则和根本目的。社会主义财政的发展和创新，必须紧紧围绕着社会主义的本质，为社会主义生产力的发展和生产关系的优化服务。

有些主张公共财政的同志常常把现在国家通过预算集中分配的部分，主要是行政、教育、文化、医疗、国防等几个方面的分配误认为国家财政的全部，把生产力、生产关系的调整以及对社会资本的引导功能置于不顾，出现了以“小财政”代替“大财政”的问题。而江泽民同志在为《领导干部财政知识读本》所做的重要批示中，对社会主义财政的任务已经作了明确的阐述。他强调："雄厚的财政实力是一个国家强大、稳定、安全的重要体现和有力保证。正确运用财政政策，运用预算、税收、转移支付等财政手段，对优化资源配置，调节收入分配，促进国民经济稳定增长和区域经济协调运行，促进社会各项事业全面发展，具有重大作用。"

在实践中，国家通过财政对社会总产品进行直接分配和间接分配，从而达到调节社会各阶层分配关系的目的，同时也利用财政和货币政策，有力地影响和调节着生产力结构，实现促进社会再生产顺利进行的目标。因此，除了简单地对预算收入进行再分配和提供公共产品这些表层的功能以外，财政政策更深层次，也是更根本的功能是通过分配和再分配环节来制导生产、消费和交换，从而使社会再生产得以顺利、有序、高效地进行，进而使市场配置资源的基础性作用得以顺畅发挥。财政作为国家制导经济的手段之一，其最终的目的是使生产力与生产关系结构、产业结构、产品结构、技术结构、社会经济组织结构等进一步发展完善，从而实现社会主义的本质。

目前人们所讲的公共财政理论，大多来源于西方的理论与实践，它的职能范围是以满足社会公共需要为口径界定的，以追求公共利益而不以自身盈利为目的。政府的职能更多地体现在"守夜人"的角色上，市场配置资源的作用被更多地强调。财政的职能则主要体现为服务功能，即为市场的有序运转提供外部条件，为经济建设和人民生活服务，建设各种公用事业，促进公平分配以及宏观经济稳定等，从而提高整个经济的运行效率，主要包括对诸如教育、医疗、文化、卫生、社保等社会公共产品的投入以及保证国家机器的正常运转。

学习西方的财政管理经验，可以提高我国的财政管理水平，但西方的公共财政是建立在资本创造利润的价值观之上，它是在资本的统治下为资本利润最大化服务的，存在着很大的缺陷，很难解决“市场失灵”的问题。西方古典经济学最大的贡献是发现了劳动创造价值的理论。但同时又犯了从现象出发的错误，混淆了现象与本质之间的区别，因而在劳动创造价值论的同时，又陷入了资本、土地、劳动创造利润的混合论。

完全意义上的公共财政理论本身并不等于简单的吃饭财政，因为即使在公共财政建设完备的西方国家，各种基础设施和公用设施也历来属于社会公共需要的范畴，它只能由政府出资兴办，或部分吸收民间资本与政府共同兴办，也就是说，真正的公共财政并非不搞建设。搞公共财政的目的在于根据社会主义市场经济条件下社会公众的意愿来提供公共物品，满足社会成员的社会公共需要，从而通过财政与市场的分工与合作，充分发挥两种机制各自的优势，尽可能提高全社会资源配置的效率，使有限的资源更好地满足全社会成员不断增长的物质文化生活的需要。这与计划经济条件下，政府既是最高行政当局又是所有者和经营者，政府直接拨款搞大大小小的生产建设性项目的做法是有明显区别的，其区别点就在于是否考虑了社会公众的客观意愿。在资本主义社会，资产阶级通过公共财政进行再分配的目的是利用以国家为主体的分配活动为私人资本更好地剥削创造外部条件，也就是说，资本主义的公共财政实际上是为资产阶级的阶级利益服务的。在社会主义市场经济条件下，由于广大人民群众是国家的主人，行使当家做主的权利，公共财政才能在再分配中表现出真正意义上的为社会公众提供公共产品，满足社会公共需要的特征，公共财政的公共性才能得到真正意义上的体现。

财政是实现国家职能的手段，必须涵盖整个国民经济收入的分配，财政政策必须与国家的长远目标和规划一致。财政的分配，包括了直接分配与间接分配。直接分配是纳入预算的分配，它管理的是社会消费部分的资金；而间接分配，是财政职能与其他政府调控手段共同作用下的分配，是一种政策性分配，如果金融等调控手段没有财政政策的配合，就没有了合力，在调节经济过程中也就没有了能动作用。财政政策和货币政策是当前国家进行宏观调控的最有力的两个杠杆，二者缺一不可。因此，财政分配，是直接分配与间接分配相结合的过程，而不仅仅是直接分配。有一个时期我国的财政收入占GDP的比重较低，有人认为这就意味着财政的职能被削弱，财政分配出现了困难。这是没有搞清楚直接分配和间接分配的关系。财政收入占GDP比重的变化，只是直接分配与间接分配之间的比例关系的变化，它并不影响财政职能的发挥，相反，它是在市场经济条件下对财政更好地发挥间接调控作用提出了更高的要求。财政要对经济发挥能动作用，就必须同时发挥直接分配和间接分配的作用。

社会主义财政分配不是在某一个特权阶级支配下为这一阶级狭隘利益服务的，而是为整个国民经济服务的。这个财政的本质与“公共财政”强调的政府为满足社会公共需要而提供公共产品的任务是不谋而合的，然而两者根本的区别在于对公共财政范围的界定上面。社会主义财政发挥作用的范围绝不应该只局限于提供公共产品这个狭小的范围内，我们的社会主义财政所讲的服务首先应当是“大服务”，这里的“大”是相对于一些学者主张的公共财政应当以提供公共产品为己任的“小服务”而言的。

所谓财政的大服务，主要体现在方针、路线、政策、战略任务的制定和引导方面，表现为宏观意义上的服务而不是拘泥于一时一事之上的服务，这与全心全意为人民服务和“三个代表”重要思想、立党为公、执政为民的指导精神是完全一致的。也只有做到这一点，我们才能在市场经济中对资本加以充分运用，使其为建设服务，而不是做资本的奴隶。财政的大服务是为社会的总体服务，主要体现在调整产业结构、产品结构、区域经济结构、不断提高经济效益、维护社会稳定和保障人民基本生活等方面。为了达到预期效果，在实施的过程中要严格遵循市场原则，强调三大经济规律的交互作用，达到以少量财政资金和相关政策引导社会资金流向的目的。当然，政府的服务最终也会体现到一个个建设项目上，特别是投入财政资金建设那些私人不愿做或无力做的项目。与战略任务相比，这里的每个建设项目都相对成了小项目，然而它们却正是大服务的具体体现，是微观层面对宏观的体现。

目前，我国的社会结构与经济结构都呈现着比较明显的城乡二元结构。有的同志认为走出目前困境的出路在于建立公共财政框架，通过运用改革和完善税制、打破城乡财政二元结构、全面变革预算制度、确保公众对政府行为的约束等手段，从收入和支出两方面改变目前我国传统的财政框架，构建起全新的公共财政体制，从而为所有公民提供水平大致相同的公共服务和公用设施。但是，把

“以支定收”作为行动准则的公共财政是无法承担起打破城乡二元结构的重任的，因为公共财政所要求的根据社会成员对社会的公共需要水平确定公共产品的生产规模及相应的公共支出规模、以公共支出规模确定公共收入规模的原则只会把政府调节资源合理配置这只“看得见的手”置于非常被动的境地，而市场本身存在的“失灵”现象决定了单靠它也无法完成打破城乡二元结构和地区差别的重任。这是一种以社会服务代替国家宏观调控，轻视和忽视国家的制导作用的表现，这样做的结果必将导致国家管理与市场发展脱节，与党的十六大提出的全面建设小康社会的任务脱节。为此我们必须认识到，财政的研究对象，绝不是简单的财政预算平衡问题。马克思主义强调的价值规律就是研究产品在市场上如何组织，实现价值与使用价值的统一，从而推动人民生活的不断改善，直到各取所需，消灭剥削，消除两极分化，实现人类解放的问题。而盲动的市场经济正如“非典”一样，在不明情况下流行起来，形成一种不明所以的国民经济发展中的误区，造成新的经济危机。这是一种幼稚病，如果不加以纠正，它将给我们造成巨大的损失。这种病正是经济学者无知的表现，必须跳出这个怪圈，跳出习惯势力，重新从人类社会发展史中，人类社会在向前发展过程中的矛盾起源入手。

以国家为主体调控宏观经济，决定了资源配置的目的是制导生产力的发展和生产关系的调整，而不是简单地对社会产品进行再分配，这与目前建设的公共财政框架并无冲突之处，但这些任务又是单单靠强调以服务社会为主的公共财政所无法完成的，必须通过政府这只“看得见的手”来制导生产、分配、消费和交换的各个环节，使社会再生产得以顺利、有序、高效地运行，使市场配置资源基础性作用得以发挥，实现产业结构、所有制结构、技术结构的合理布局和协调发展。当然，国家对经济的制导的重要前提是要在认识客观经济规律的基础上发挥主观能动性，而不是瞎指挥。宏观调控所发挥的制导作用必须是科学的、发挥主观能动性的制导。因此，为确保政府在制导经济中的主动性，我们必须研究社会经济发展中的各方面问题，充分掌握各方面发展的规律，研究社会经济发展过程中的矛盾，提高调控工作的能见度，加强可控度，使宏观调控真正按战略目标有步骤分阶段地有效制导社会主义市场经济的发展。

面对新时代、新形势，国家财政的职能必须同时做到“授人以鱼”和“授人以渔”，二者不可偏废，国家财政既不能再走包办一切的老路也不能戴着预算这个紧箍咒，把自己局限在一个束手束脚、难有作为的小圈子里。落实到实践中，则要坚持“欲取之，必先予之”的原则，利用多种政策手段，一方面发挥财政资金投入的导向作用，合理利用国内外资本，引导庞大的社会资金流向有利于社会经济快速、健康、有序发展的行业和领域；另一方面，加强财政支出的有效管理，提高其使用效率，发挥资本边际效益核算的积极作用，从而使财政政策的作用得到充分的发挥。要让财政走向社会，在邓小平理论和“三个代表”重要思想的指导下，使财政在城乡二元结构问题和“三农”问题的解决中发挥积极的和关键的作用。

我认为，在当前历史时期，从社会主义财政的任务出发，当前财政的理论研究与实际工作的重点应当侧重在两个方面。一是通过财政的分配职能，充分发挥国家的宏观调控职能，为提高综合国力和人民生活水平服务；二是在此基础上，建立健全公共财政框架，发挥资本边际生产效益核算的能动作用，为经济与社会的健康协调发展提供保障，同时避免两极分化。

四、在新的历史条件下，继续坚持“国家分配论”基本理论，深入开展社会主义广义财政学的研究与实践

1987 年是我国改革开放 30 周年，经过 30 年的辛勤建设，我们的综合国力飞速发展，人民生活水平大幅提高。尤其是党的十六大以来的 5 年，我国经济以连续 4 年超过 10%的增速，将经济总量的世界排名提升到“坐四望三”的水平，人均 GDP 也已步入中等收入国家行列，外贸及引资总额均位列世界前三甲。一些人则沾沾自喜于所取得的成绩，对目前“生产力尚不发达、体制机制仍不完善”等初级阶段的特征视而不见，甚至提出了一些超越阶段的要求，在某种程度上分散了“发展生产力，满足人民日益增长的物质文化需求”这一阶段性任务的注意力。之所以出现这种现象，是因为这些人对我国所处的历史阶段不了解，对我们建设中国特色社会主义的历史任务不了解。

1987 年，党的十三大明确提出了我国正处于社会主义初级阶段的科学论断，党的十五大进一步强调我国现在处于并将长期处于社会主义初级阶段。党的十七大报告在分析改革开放取得的举世瞩目的发展成就时特别指出：“我国仍处于并将长期处于社会主义初级阶段的基本国情没有变，人民日益增长的物质文化需要同落后的社会生产之间的矛盾这一社会主要矛盾没有变。”

脱胎于半殖民地半封建社会，生产力不发达，这是我国社会主

义初级阶段的基本国情。这就决定了必须在社会主义条件下经历一个相当长的初级阶段，去实现工业化和经济的社会化、市场化、现代化。这是我国社会主义发展中一个不可逾越的历史阶段。对于如何建设初级阶段的社会主义的问题，从马克思、恩格斯到列宁，早已有所论述。他们都指出，在资本主义到共产主义之间，有一个漫长的过渡期，这个过渡期也就是我们所说的社会主义初级阶段。显然，过渡期有过渡期的特点，在建设中自然需要采取有针对性的方针政策。有些同志产生思想混乱的原因正是因为对马克思主义过渡期理论不了解、不熟悉，从而产生了或“左”或右的认识。

随着社会主义市场经济的发展，财政理论与政策都需要适时做出符合客观实践的更新，但是在此应当指出，“国家分配论”的理论核心完全符合从资本主义到共产主义之间这个漫长过渡期财政建设的需要，这一理论应当与时俱进、不断加以完善，而决不能丢弃。

有些经济学者一向认为，资本、市场经济都隶属于私有制范畴，社会主义与市场经济是水火不相容的。但人类的社会实践尤其是第二次世界大战以来的世界经济社会发展实践表明，市场经济是人类社会经济发展的一个客观历史阶段，是人类现代社会共同拥有的文明成果，既可以存在于资本主义国家，也可以为社会主义国家服务，而将商品经济与公有制相结合的社会主义市场经济也真正实现了向着社会化方向不断深入发展这一市场经济发展的最终目标。我们当前所建设的社会主义市场经济与资本主义市场经济最大的不同在于，我们建设的理论基础是马克思主义、毛泽东思想、邓小平理论、“三个代表”重要思想和科学发展观并追求社会主义物质文明、精神文明与政治文明的同步发展，以早日建成和谐社会。

从根本上说，国家发挥宏观调控职能的理论根据来自于马克思主义的国家学说。恩格斯在《论住宅问题》一文中，从维护社会再生产秩序的角度出发，阐述了国家起源问题。他说："在社会某个很最初的阶段，产生了这样一种需要：把每天重复着的生产、分配和交换产品的行为用一个共同规则概括起来，设法使个人服从生产和交换的一般条件。这个规则首先表现为习惯，后来便成了法律。随着法律的产生，就相应产生出以维护法律为职责的机关——公共权力，即国家。"[①] 很明显，法律规定的权利和义务是统治阶级对社会再生产规律加以客观认识的产物，统治阶级需要运用法权，利用市场机制对经济基础发挥能动的制导作用。

国家是阶级矛盾不可调和的产物，国家机器是阶级专政的工具，但国家存在的目的同时也是把阶级之间的矛盾冲突控制在社会正常发展允许的范围，从而顺利实现统治阶级的发展意图，如果只讲暴力斗争，就不能有正常的社会秩序来发展经济和文化。作为阶级统治的机关，国家需要建立起一种"秩序"来抑制阶级冲突，从而使统治阶级在各阶级的对立统一中实现自身利益的最大化。无产阶级上层建筑的一个重要职能在于一方面要坚决维护自己的专政地位，另一方面又要协调各阶级阶层的利益，化解冲突矛盾，以实现最广大人民群众的根本利益。

社会主义财政发挥作用的范围绝不应该只局限于提供公共产品

① 马克思恩格斯选集：第2卷［M］. 北京：人民出版社，1972：538—539.

这个狭小的范围。现在的公共财政只管了国民经济的局部，没有调动全部社会化资本的力量。社会化资本的分散管理，一方面会造成资金使用效率的低下，另一方面也容易造成管理者以权谋私、滋生贪污腐败现象。如果在民主的基础上将社会化资本加以集中管理，在统一的财权之下统一资金的使用和周转，上述负面现象将能够得到很大程度的遏制。

有人认为，现在我们建设社会主义市场经济，为了让微观经济单位充满活力地按价值规律办事，就应当分权，从而反对国家政权的高度集中，反对财权过于集中，主张完全依靠“看不见的手”调节社会经济。然而，没有政权的集中，完全各行其是，又如何按照全社会的共同理想行动呢？如何保证资本社会化、生产社会化的社会主义发展方向呢？当前，只有无产阶级的国家政权才能有意识地利用资本的积极作用，抑制资本的消极作用，除此之外，没有其他的经济单位能够发挥这个作用。国家和国家职能是随着生产的发展自然消亡的，现在远没有达到那个时候的水平，必须积极、主动地发挥它的制导作用。凡是社会化的事物，都要由国家加以统一管理。

社会有自己的发展规律，并不仅限于经济学的范畴。国家要管理社会，国家要做的，就是财政要管的，政权与财权是不可分割的，所以必须跳出财政本身来看财政。要发挥国家调控宏观经济的管理职能，财政就必须具有调控社会化资本的分配和使用方向的功能，因此财政管理必须涵盖整个国民经济收入的分配，财政政策的制定也必须与国家的长远发展目标和规划相一致。在社会主义市场经济条件下，国家财政担当的任务主要应当包括调控社会经济结构、产业结构、所有制结构，调节贫富差距、提高人民物质文化生活水平等各个方面的内容。而目前施行的公共财政无论在范围上还是在力度上，都还不足以满足无产阶级政权领导下的社会主义初级阶段发展建设的需要。

马克思所说的全人类的解放，“三个大大”的实现，三大差别的缩小，是一个整体的长远事业。正所谓“人无远虑必有近忧”，即使是“摸石头过河”也是有着大方向的。因此我认为，“国家分配论”和目前我们正在研究、实施的公共财政，应当从理论和实践两个方面实现有机结合，共同向着以科学发展观为指导的社会主义广义财政的方向发展，强调财政在完成国民收入再分配任务之外更为宏观、更具有战略意义的历史使命。财政不是简单的预算内收收支支的活动，而是应当与社会主义短期与长远的发展目标紧密结合在一起的，一方面配合这些目标的实现而行动，另一方面又要积极、主动地担当起自己应尽的责任。在社会主义广义财政中，财政的国家分配职能应得到进一步的发挥，建立起以财政为中心宏观调控市场的各种制度。应当建立起以财政为中心的各种国家基金制度，对于基本建设、科学发展、社保、环保、国家行政支出、中央和地方支出、国防支出、援外支出，以及更细化的包括“三农”支出，新农村建设支出等都有着通盘的考虑，并实现与信贷、资本市场、外汇等部门的有机协作。

更进一步讲，社会主义广义财政的“广义”，其核心是指所有社会化的经济事务都应由国家成立统一的经济管理部门加以研究和管理。不但财政部门自身应当强化社会化管理职能，还应当与金融、证券、社保等部门联动。广义财政在发挥职能的过程中也要与工资、价格、信贷、企业财务等经济杠杆相互配合。在此过程中，其他杠杆发挥作用要受到当前国家可支配财力的制约，这就使得财政的重要性得以突出，所以居于枢纽地位、影响各方面的分配，哪一方面出现了偏离都会影响总分配，大家必须考虑主体、服从主体。资产阶级权利和资本的作用在社会再生产的各环节中都有着不同程度的发挥，在各种经济杠杆作用的领域中也少不了它们的身影。因此，财政有可能、有能力也有必要通过适当手段对资产阶级权利和资本作用的发挥加以引导，使其扬长避短，为社会主义的快速健康发展服务。

在社会主义市场经济条件下，要解决小生产与大市场的矛盾，必须加强全社会的组织和引导，对此财政的作用责无旁贷。财政的收入来源是全社会的税收，因此它的支出也必须面向全社会服务。起源于西方的公共财政，它所说的“公”，是相对于私财政而言的。社会主义国家的财政，应当是服务于社会化的财政，要发挥促进生产力联合的作用。社会主义的社会化，必须是建立在全国一盘棋统筹发展的基础之上。为了维护政权统一与政令畅通，财权不能过于分散，也不能完全下放到各个部门和地方，否则在部门利益和地方利益的驱动下，会重新出现“王爷经济”“诸侯经济”的混乱局面。因此必须建立分级负责制，要建立中央、省、县三级政权，明确其相应的事权和财权。各级政府也应当建立自己的预决算制度，而不是过去那种完全集中的高度统一。同时，为了将社会化资本加以有效管理，在财政职能管理之内的，应当建立完备的国库支付制度。证券市场和保险市场的资本应当在监管部门的统一监管之下按照经济规律运作，而社保基金应当在国家的管制之下合理经营，避免出现风险。

财政的间接分配应当管理全社会的社会化资本，将社会化资本的使用方向向着实现马克思主义最低纲领和未来的最高纲领的方向引导。此外，财政的一个重要功能与职责是通过制定相关政策来引导不同行业的发展方向和发展速度。从这个角度讲，财政不仅仅要管好固定资产投资、基本建设投资，还要对全社会的企业投资加以宏观调控。因为现代社会的劳动分工日益细致，产业间、行业间、企业间互相结成了一个你中有我、我中有你的经济体，其中任何一环出现问题必将产生消极的连锁反应，造成社会的动荡，在价值规律自发的作用下这种情况发生的可能性是很大的，从而必须由国家出面对全社会的经济进行事前预警和事中、事后的解决。在市场经济条件下，国家不能对企业的经济行为加以直接干预，而需要采取间接手段。例如，会计通则和准则的制定是财政部门对国有及民营企业的财务运行的指导，也是引导企业纳税的一个手段，同时又是指导各个产业部门进行成本核算的重要依据，是衔接政府与市场的重要桥梁。马克思将会计的功能精辟地归结为“观念的总结，过程的控制”，财政可以通过它对个别企业、行业乃至全社会的生产过程和结果发挥重要的宏观调控作用。这类大家看得见的财政对社会事务的宏观指导，未来应当下大力气加以研究。国家职能的发挥要靠人来具体实现，各级社会管理者都应当如斯大林所说的，力争具备完备的知识，努力学习驾驭规律的本领；同时，全社会都要重视基础理论的研究和发展。

过去我们讲“生财有道，聚财有道，用财有道”，如今我们讲“做大蛋糕，切好蛋糕，吃好蛋糕”。从根本上讲，就是要财政在利用好预算内资金之外，进一步通过财税政策的制定、预算资金的投入等职能来发挥强大的国家导向作用，以便最大限度地管理起社会资金，制导全部社会资金的流向，为实现建设小康社会、构建和谐社会的长远目标服务。同时，财政自身财力所无力解决的很多老大难问题，也应当通过财政不断调动社会化资金应用的方式加以解决，而不能简单加以回避。正如毛泽东同志在 1942 年 12 月《抗日时期的经济问题和财政问题》一文中指出的：“财政的好坏固然足以影响经济，但是决定财政的却是经济。未有经济无基础而可以解决财政困难的，未有经济不发展而可以使财政充裕的。……财政困难，只有从切切实实的有效的经济发展上才能解决。忘记发展经济，忘记开辟财源，而企图从收缩必不可少的财政开支去解决财政困难的保守观点，是不能解决任何问题的。”①

经过新中国成立后五十多年，特别是改革开放后近三十年的发展，我们的社会经济建设取得了长足的进步，无论是企业还是个人都积累了相当数量的财富。这些财富被存入银行或者投入股市、债市，就成了社会化资本，具有了为社会主义建设整体服务的功能。在市场经济条件下，企业和金融机构的运作都必须遵循利益原则，由此产生了银行惜贷，过剩的社会资本无处使用，流动性泛滥等经济问题，同时还不时出现有关机构人员利用职权贪污浪费、挪用公款等职务犯罪行为。以上种种现象的出现，很大一个原因在于这笔庞大的社会化资本没有得到有效的管理和运用，造成了极大的浪费。在这个问题上，国家财政应当居于导向位置，发挥社会化资本

① 毛泽东选集：第 3 卷［M］. 北京：人民出版社，1966：846－847.

流向的引导作用。例如，当银行惜贷或企业找不到效益高的投资项目而使社会化资本积压在银行中时，国家财政可以通过向银行发债的形式激活社会化资本，将其投入到经济效益不高但国家发展和建设急需的项目上去。1997年亚洲金融危机爆发后，我国实行的积极财政政策就很好地调动了社会化资本，不但顺利度过了危机，还在基本建设等方面取得了很大的成绩，而这些也是未来需要我们从广义财政的角度加以深入研究的问题。

除了研究国内的社会发展，社会主义广义财政还应当把眼界扩展到全世界的范围。一方面，国家财政承担着应对全球化特别是国际经济一体化给我国带来的压力和挑战。为此，具体财税政策的制定既要为国有企业创造良好的发展条件，更要把有限的财政性资金集中起来，充分运用价值规律和市场机制，调整财政支出的方式，引导资本的积累，促进产权的整合，为民族企业做大做强提供保障。另一方面，当今世界进入了信息时代，国与国之间都有着千丝万缕的联系，过去各国独立实施的财政金融政策如今已发生着广泛的互相影响，因此广义财政的研究应当从开放性角度切入，符合党中央提出的建设和谐世界的构想。为此，财政部门必须配合国家的外交活动需要，在经济援外方面发挥应有的职能，从而在世界上广交朋友，为自己赢得更大的外交空间。

我们建设的是中国特色的社会主义，目前社会上存在争论、一些人思想存在误区的主要原因在于他们不懂得何为社会、何为社会主义、何为社会主义财政。商品生产本身是社会化的，从根本上说，商品交换、商品经济、市场经济乃至全球经济反映的都不是简单的公和私的问题，而是社会化的程度问题，它们体现了生产社会化程度由小到大的发展过程，社会化的程度越高标志着生产力的发展水平越高，经济发展水平越高。为此，我们认为，社会主义制度的先进性首先就体现在社会化程度、深度和广度的不断拓展上。社会主义长远目标、马克思主义最高纲领的实现是需要过程的，国家、阶级以及财政本身的逐渐消亡也是一个长期和渐进的过程。而在此之前，在马克思主义所说过渡期即社会主义初级阶段，国家财政的重要职能之一是把已经实现社会化的资本有机地组织起来，有计划、有目的地为构建社会主义和谐社会服务，从而为最终的社会发展目标服务。

作为一名财经战线的老兵，我想，以国家富强和人民生活的不断提高为己任，以马克思主义过渡期理论为指导，以构建和谐社会为方向，继续不断拓展“国家分配论”的核心理念并深入开展社会主义广义财政基础理论研究，正是对许廷星教授等老一辈社会科学工作者治学精神的最好继承，也是我们对许廷星教授最好的怀念。

作者单位：财政部科研所

学术前辈　首倡有功

邓子基

财政本质问题关系到能否对“什么是财政”做出正确回答的一个基础理论问题，是财政学理论的基石。它决定着财政职能、要素、运行机制、原则、规律和政策、体制等方面。

新中国成立初期，我国财政学者对“财政本质”的认识、传播是基于苏联学者的“货币关系论”。这一观点已涉及“财政本质”，相比西方财政学者仅就财政资金现象论财政而回避、忌讳、抹杀、否定“财政本质”的情况，是一个进步。但因“货币关系论”过于广泛，还未能揭示财政的特殊矛盾及其如何决定“财政本质”。因而，我国财政学者在“货币关系论”基础上纷纷展开研究，揭示“财政本质”问题，以期建立社会主义财政。

我们知道，马克思在《资本论》等经典著作中明确指出：赋税是剩余价值的分配形态之一；政治经济学研究对象是研究人类社会生产关系即经济关系。

可喜的是，许廷星教授在他于1957年出版的《关于财政学的对象问题》著作中，首先指出“财政是属于分配关系之一，因而财政与生产、分配、交换和消费是相互联系而又相互影响的”，认为“财政是一种分配关系”。这不是简单地就货币论财政，而是从生产关系来认识财政。这说明许廷星教授早在我国计划经济时期，就归纳、揭示了“国家分配论”的基本观点。我认为，这是许廷星教授学习、研究马克思主义财政经济理论的重大成果，是对我国研究社会主义财政基础理论的卓越贡献。许廷星教授的上述观点在当时引起了广泛关注，产生了良好影响。

许廷星教授是我国财政学界的前辈。他1957年提出“国家分配论”的基本观点时，我是我国著名经济学家、厦门大学校长王亚南教授亲自培养的《资本论》研究生，刚毕业几年，在厦门大学任教，还是一个青年教师。作为后学者，我对许教授十分崇敬，彼此感情甚笃。许教授首倡的“国家分配论”基本观点，使我很受启发，也影响着我后来的学术人生。我同诸多财政学者一道，作为“园丁”，始终在财政理论这块“园地”上，勤奋耕耘；也可说是作为“新兵”，在财政理论这个“阵地”上，努力拼搏。经过半个多世纪的理论研究和实践考察，我明确提出“财政本质是以国家为主体的分配关系”的命题，并在此命题下，提出了“财政要素论”“财政职能论”“财政平衡论”“财政政策论”与“财政体制论”等。我为坚持、发展与丰富“国家分配论”，从而建立新“国家分配论”（即“国家财政论”），做了自己应做的工作。

“国家分配论”是随着经济发展与体制改革，经历了三次大论战而不断巩固、丰富、发展起来的。在计划经济时期，它经历了两次大论战：第一次是 1964 年 8 月在“全国第一次财政理论研讨会”（大连会议）上，它同“价值分配论”“国家资金运动论”“剩余产品价值决定论”“再生产决定论”等流派、观点的争论，确立了其主流学派的地位；第二次是 1980 年 8 月在“关于财政本质问题全国研讨会”（厦大会议）上，它回答了质疑、责难，既巩固发展了“国家分配论”，又巩固了主流学派地位。1994 年党的十四大决定确立社会主义市场经济体制，1998 年我国确立了公共财政基本框架。与此同时，引进了西方“公共财政论”。于是，“国家分配论”又迎来了第三次大论战。我们认为，在实行市场经济过程中，“国家分配论”与“公共财政论”并非水火不相容，而是优势互补的关系。这就是说，我们要坚持“国家分配论”的本质论，借鉴“公共财政论”的运行论，做到取长补短、求同存异、两优结合、共同发展。为此，我提出了“坚持、借鉴、综合、发展的‘新国家分配论’”（即“国家财政论”），主张建立中国特色的社会主义国家财政（含公共财政与国有资本财政）理论体系。

现在距离 1957 年许廷星教授首倡“国家分配论”已过去了 50 周年。经过大家共同的努力，新“国家分配论”（即“国家财政论”）在许廷星教授提出的基本观点基础上，有了新的发展，更加丰富了。尽管如此，我们仍然必须强调并牢记许廷星教授首倡功勋。

今天，我们纪念许廷星教授《关于财政学的对象问题》出版 50 周年，就是要发扬许廷星教授的科学治学精神，在党的十七大精神指引下，深入研究财政改革与发展中的重大现实问题，诸如：如何深化财税体制与国有资产管理体制改革，如何推进基本公共服务均等化，如何促进国民经济又好又快发展与推进和谐社会建设，如何关注民主、提高人民生活水平，以及如何建立社会主义国家财政（公共财政与国有资本财政理论体系）等方面，群策群力，深入钻研，提出既有理论价值又有实践指导意义的理论观点与政策主张，为发展财政科学与经济建设做出应有贡献。

“国家分配论” 的发展与完善

刘邦驰

●内容提要：“国家分配论”是我国财政学基础理论建设的主流学派，能正确回答不同社会形态财政活动涉及的各种问题，揭示财政分配关系的内在联系及其规律。不存在过时问题。作者提出了坚持、发展、完善“国家分配论”的具体设想。

●关键词：国家分配论 理论贡献 发展与完善

●作者简介：西南财经大学教授、博士生导师

一、我国财政理论的形成与发展

自古以来，任何一门学科的理论都是在实践基础上产生，又是在辩论中成长、发展的。我国财政理论的形成和发展，可以说经历了一个曲折的演进过程，其发展道路是坎坷不平的。这个曲折的过程，如果用一个简单的公式来表示，就是“公共产品论”—“货币

关系论”—“国家分配论”。

众所周知，西方财政理论作为一门独立的学科来讲，较其他社会科学的形成和发展要晚得多，迄今不过两百年的历史。西方国家财政理论真正具有科学的性质，始于18世纪中叶英国古典经济学家亚当·斯密。古典学派的代表人物亚当·斯密在其所著的《国民财富的性质和原因的研究》（简称《国富论》）这部著作中，集前人财政理论之大成，予以融会贯通，使之发展成为一个比较完整的体系，对资本主义各国在财政理论上的发展产生了巨大影响。亚当·斯密在其原著的第五篇中，对国家财政进行了深入的专题论述，全面地阐述了自己的观点。主张国家职能越少越好，国家财政支出应限于国防、司法、公共工程建设和维护公共机关的需要。国家财政收入来自君主或国家财产收入和赋税收入两个方面。以地租、利润和工资三种收入作为课税划分依据，提出税赋公平、确实、便利、节约的四大原则，迄今仍对资本主义国家政府制定财政税收政策、指导税制改革起着积极作用。因此，人们一般都称亚当·斯密为西方财政学的鼻祖。

中国古代涉及理财之道的论说较多，比如《礼记·王制》篇就有“冢宰制国用，必于岁之杪、五谷皆入，然后制国用……量入以为出”的记载。春秋时代有主张普遍减轻徭役、薄敛赋税的财政思想，即轻徭薄赋之说，以利于社会经济的恢复和发展，安定人民生活。这些理财之道的论说，尽管经过奴隶社会、封建社会几千年漫长的演进有所充实和扩展，但是都未能形成系统的科学的财政理论体系，更无专门的财政学著作。我国财政基础理论和专门著述的研究起步于民国时代，至今还不到一百年。我们所见到由中国学者撰写最早出版的财政学著作，如陈启修著《财政学总论》，李权时著《财政学原理》，何廉、李锐著《财政学》等，都是民国时代的产物。这些著作的理论基础、内容及结构体系，基本上是20世纪二三十年代西方财政学的翻版，即“公共产品论”或“公共财政论”的通盘移植，既无中国特色又无多少新意。

新中国成立后，由于社会主义政治经济制度的确立，仿效西方公共产品理论建立的财政学已不适合中国国情。我国财政学界开始学习和运用马克思主义原理，研究这门学科的本质、职能、原则、经济范围及其属性。有的学者也提出了财政是国家在满足其需要，进行社会财富分配与再分配的经济行为的学说。我认为这一命题，只简要回答了什么是财政，而没有触及财政本质的深层次研究，也没能形成系统的理论分析。由于新中国成立初期的特殊历史背景、经济学“唯我独尊”，国内理论研究一边倒，完全排斥西方经济学理论。我国财政学科基础理论建设受苏联财政理论影响极深，把财政学研究的对象界定为货币关系体系，即“货币关系论”的观点，在国内占支配地位，起着主导作用。但是，货币关系论的理论在研究社会经济发展过程中的财政问题，出现了很大困难，许多历史事实缺乏充分依据支持自己的论断，难以自圆其说。有鉴于此，20世纪80年代后期，随着社会主义建设事业的发展，国内一些学者对货币关系论从不同角度提出了不同的见解。我国老一辈财政学家许廷星教授从国家为实现其职能参与社会产品分配形成的分配关系入手，以参与分配的主体为标准，把社会再生产中的分配区分为经济属性分配和财政属性分配两大类型，于1957年在国内首次明确提出了“财政学的对象是国家关于社会产品或国民收入分配与再分配过程中的分配关系”[①] 及其理论体系的全新见解，即“国家分配论”或称“国家分配关系论”。许廷星教授的这一研究成果，对财政基础理论从货币关系的圈子脱离出来研究人们物质利益的分配关系，是一项重大突破，引起了广泛的反响，获得了学术界的高度评价。他认为把“分配关系分为社会经济分配关系和国家职能所发生的分配关系（也就是财政的分配关系）”“财政学的对象就是客观存在的财政分配关系”“把财政同国家的职能相联系，由此来规定财政学的对象，其基本方向是正确的”[②]。“‘分配关系论’的提出，对于财政本质的探讨作了重要的贡献。它克服了货币关系的缺点，解决了货币关系论不能解释的若干重要问题。他关于财政同国家为实现其职能参与社会产品的分配关系的论点，是同马克思关于捐税的本质的分析相符合的”[③]。“国家分配论”的主要贡献在于“一方面搞清楚了财政分配的对象是社会总产品和国民收入分配及再分配；另一方面弄清楚了分配关系属于经济基础，分配方式和分配活动……属于上层建筑反作用于经济基础的能动形式；同时也揭示了财政分配方式在不同的生产方式条件下具有特殊的运行方式”。总之，“国家分配论……为推进财政理论发展打下了基础”[④]。我国 20 世纪 50 年代所产生的“国家分配论”，在老一辈著名财政学家的积

① 许廷星. 关于财政学的对象问题［M］. 重庆：重庆人民出版社，1957：5.

② 王传纶. 对财政学对象问题的探讨［J］. 教学与研究，1958（7）.

③ 李成瑞. 从实践中的若干体会来谈社会主义财政的实质和范围问题［M］//财政部财政科学研究所，中央财政金融学院. 财政学问题讨论集：上册. 北京：中国财政经济出版社，1965：100.

④ 许毅. 广义财政学初探［J］. 财政研究，1996（3）.

极支持和倡导下，经过一代人的共同努力，不断充实和发展，已被学术界绝大多数学者、专家接受，形成共识，已成为财政学基础理论建设的主流学派。“国家分配论”为推动具有中国特色财政理论的发展所做出的贡献有目共睹，必须充分肯定。

20世纪80年代以来，随着改革开放的深化和西方经济理论的大量引进，财政基础理论探索日益成为理论界的热门话题。讨论的焦点归根到底是：“国家分配论”在新形势下是否还有用？过时没有？“公共产品论”能否替代“国家分配论”成为构建我国财政理论大厦的基础？在“国家分配论”与“公共产品论”两大理论的争论中，两者都有拥护者、支持者和反对者。对“国家分配论”持反对意见的同志认为，这一理论体系是计划经济体制的产物。我国财政之所以职能模糊，作用乏力，困难重重，国有企业之所以难于搞好，其理论根源就在于“国家分配论”的障碍。有的人认为“国家分配论”会导致“唯意志论”，甚至还有人提出“中国没有真正科学的财政分配理论，‘国家分配论’早已过时了，只有西方财政理论才适应我国今后的经济模式”，主张应“大胆向西方财政基础理论靠拢”。一句话，就是力图用“公共产品论”替代“国家分配论”。我认为，“国家分配论”理论依据科学、坚实、深厚，能正确回答不同社会形态财政活动涉及的各种问题，提示财政分配关系的内在联系及其规律，适应了各个社会形态下的国家需要。只要我国社会主义制度不出现质的变化，就谈不上过时问题，也不需要“公共产品论”替代“国家分配论”。

二、坚持、发展、完善“国家分配论”

我国社会主义市场经济体制的建立是一项前无古人的开创性事业，迫切需要解决许多复杂的理论问题和实际问题。“国家分配论”的提出、形成和发展，只不过四十多年的历史。我们并不认为它的理论体系、学术观点已经完美无缺，拒绝一切有益的优秀科学研究成果。西方财政学理论随着资本主义经济的发展和变化，目前也处在不断发展和创新的过程中。我国改革开放不断深入、社会主义现代化建设不断发展，社会经济生活中出现的新情况、新问题，需要新的观念、新的理论，实事求是地概括。“国家分配论”的理论体系需要在实践中修正、丰富和发展。那么，在新形势下，如何坚持、发展和完善“国家分配论”呢？这就需要搞清楚这一理论在市场经济体制下有哪些合理内核应该坚持和继承。

1. 从坚持、继承“国家分配论”的优秀部分看，我认为主要有以下几个方面：

（1）坚持马克思主义国家学说，始终把财政同实现国家职能相联系。财政是一个经济范畴，又是一个历史范畴。财政与国家有着本质联系，是以国家为主体的分配关系。这些观点正确地界定了财政现象、财政的实质、财政的共性、财政的主体和客体、财政的职能、范围及与其他分配范畴的界限。使我国财政学科体系建立在科学的理论基础上，具有中国特色。

（2）坚持马克思主义社会再生产理论，把财政运行同社会再生产中的经济相联系。社会再生产的运动过程，同时也是再生产四个环节有机结合的过程，这个过程在商品经济条件下，包括了物质产品的运动和价值形式的运动两个方面。财政作为社会再生产价值运动中分配环节的组成部分，是联结生产、交换和消费的纽带，对再生产四个环节起着巨大影响，是国家调节宏观经济的重要手段。只有把财政问题放到整个社会再生产过程中，并紧密联系再生产中的价值运动来研究财政的职能作用，我国财政理论和实践中的新问题才能得到正确的概括并进行理论分析，为财政深化改革提出政策性参考。

(3) 坚持财政在社会总产品和国民收入分配和再分配中居主导地位，起主导作用。财政分配能够调节控制其他分配形式。财政在不同的生产方式下具有特殊的社会性。坚持这些观点，有利于为财政分配形式操作提供理论导向。

(4) 坚持财政分配与形成三大社会基金和马克思关于社会总产品分配中必须进行六项扣除理论具有内在联系的观点，为我国市场经济体制下，构建中国特色的社会主义分配政策体系提供理论依据。

(5) 坚持财政属性与经济属性分配相互区别和联系的观点。社会再生产过程的经济属性分配，因分配主体、分配依据不同而区分为不同的分配客体、分配范围、分配形式。财政分配是从经济属性分配中分离出来的特殊分配关系，即以国家为主体所进行的分配。在社会主义制度下，财政以主权所有和以资产者所有参与公有经济的分配，具有两种属性分配的双重性。财政分配跨越经济领域和非经济领域。

2. 从发展、完善“国家分配论”看，主要有：

(1) 正确认识财政分配的无偿性与有偿性的关系，积极发展财政信用理论。财政信用不是一般的借贷活动或经济交易行为。它是以国家（包括地方政府）为主体直接进行融资所形成的信用，具有财政融资和金融融资的双重性，是财政分配的一个特殊范畴。建立社会主义市场经济，客观上赋予了财政分配以新的特点，要求有发达的财政信用与之相配合。财政信用作为国家以有偿原则动员资金、组织财政收入的一种形式，将随着市场经济体制的逐步确立，商品货币经济的日益发展发挥着越来越大的作用。事实上我国的财政分配早已跳出了无偿性、强制性分配的狭窄圈子。国家财政在收入方面不仅采取了一系列的信用形式，比如发行公债、国库券、国外借款、财政信用投资红利、支农周转金利息、股权收入等，而且在支出方面也采取了信用形式，比如基建投资拨改贷、预算外资金实行财政专户储存、收支两条线管理、融资使用、各种各样的周转金等。这些财政分配的派生形式，扩大了理财视野和分配领域，拓宽了财政分配范围，开辟了新的财源渠道，适应了商品经济发展的需要，增强了政府宏观调控能力。

（2）解放思想，探索财政学科新的理论体系。解放思想不是一蹴而就的事。在改革开放进入攻坚阶段的今天，在党的十五大精神指引下，一个思想解放和深化改革的新高潮将会又一次到来。财政学科建设必须大胆突破传统的、僵化的模式束缚，摆脱抽象的“经院式”的研究，要以国家为主体的分配关系为红线，以生产方式决定分配方式的原理，密切联系生产力和生产关系再生产规律，联系市场经济运行规律，深刻认识财政分配同生产力的结合形式。从全新的角度和更广阔的范围上考察财政分配与社会再生产的生产、分配、交换、消费之间的关系；市场经济运行与财政政策、经济基础与上层建筑的关系；财政分配与生产力结构优化、生产力要素配置和物质利益分配之间的关系，给“国家分配论”以更加丰富的理论内涵，注入新的活力。许毅教授近几年所提出的关于建立“广义财政学体系”的设想很有启示，可以作为探索新的财政学科理论体系框架的参考。

（3）把“四大平衡”理论引向着力研究社会总供给与社会总需求。传统的“四大平衡”理论，是在我国经济成分比较单一，经济管理体制实行高度集中的模式下产生的。这一理论的贯彻和实施，确实对国民经济的稳定发展起过积极作用。当前我国经济条件已经发生了很大变化，以公有制经济为主导，多种经济共同发展，国有经济实行股份制改造和现代企业制度逐步建立，以及中国经济日益同国际经济运行接轨，整个社会财力运行出现了多层次性和复杂性的特点。如果仍用传统的“四大平衡”理论来解决市场经济条件下的国民经济平衡问题就很不够了。我认为在新形势下，需要为“四大平衡”理论注入新的内容，把平衡的着力点转向社会供应总量和需求总量的平衡上来，并放在宏观经济调节的首位。在这个大框架下来研究结构层次的平衡，引导财力、物力和人力的流向，调节产业结构、生产力布局和市场供求，调节对外经济往来。

（4）规范市场经济下的财政职能。从理论界关于财政职能争论的最新动态看，多数同志都赞同社会主义市场经济条件下财政具有收入分配、资源配置和稳定经济三大职能，否定财政具有监督职能，认为监督职能是计划经济的产物。现在经济体制变了，监督职能已经失去了依存的基础。其实这是一种误解。他们忘记了社会主义市场经济是同社会主义基本制度结合在一起，以公有制为主体的这个根本特点。忘记了财政同国家的血肉联系。财政作为国家实现职能的重要工具，受到国家职能的制约。研究财政职能，不能离开国家职能，不能总是停留在抽象的层面上讨论，而要进行精深的研究，把握经济运行的真实轨迹，寻求科学的、准确的依据，否则就会陷入教条式的无谓争论，导致判断失误也就在所难免。

市场经济是比较发达和发达的商品经济，社会产品的价值分配离不开监督。只有重视监督、加强管理，才能使市场沿着规范化、法制化轨道有序地运作。财政监督不是计划经济的专利品，它导源于国家对社会经济生活的管理和监督，植根于财政分配目的。我国过去长期忽视财政监督，这既有理论宣传上重收入轻支出，重开源轻节流，严重忽视财政监督，忽视财政效果的偏误，也有体制性、制度性原因。流行很广的所谓“计委定盘子，财政拿票子”“大锅饭”和预算软约束就是造成财政监督工作严重弱化的典型例子。研究财政职能应走出长期忽视财政监督的理论误区，端正相关的理论指导，健全财政职能特别是财政监督职能。把财政监督贯穿财政工作的始终，覆盖所有财政领域和财政分配过程。可见，财政监督职能的存在是客观的，是商品经济发展历史的必然选择。

（5）要以现实态度看待财政赤字。财政赤字是新中国成立以来一直都争论不休而又十分敏感的财政基础理论。由于财政赤字涉及财政、税收、金融、国际贸易诸多方面的大课题，在国际上也长期存在着认识上的原则分歧。概括国内外的争论，不外乎两种：一是赤字有害论，认为赤字与通货膨胀、物价上涨密不可分，财政赤字必然引起通货膨胀，物价上涨，影响经济生活正常运转，不利于经济发展和人民生活安定；二是赤字无害论，把赤字的消极作用绝对化。两种观点都把赤字的影响绝对化，理论上不免有失偏颇。

我是财政赤字适度论者。奉行赤字财政政策固然不可取，完全杜绝财政赤字又未必是好事。当今世界各国几乎都把赤字当成解决财政困难、调节经济的重要手段。我国1980—1993年赤字占国民生产总值的比重在2%至3%之间，低于西方国家。这一时期内，我国的国民生产总值1980年为4 470亿元，到1990年上升为17 695.3亿元。1992—1996年，国家财政每年都有较大赤字，同期国内生产总值平均每年增长12%以上。全国商品零售价格上涨幅度，则从1994年10月的25.2%最高点，回落到1996年12月的4.4%。我国是一个发展中大国，建设资金不足的矛盾在一个相当长的时期内都是很突出的。保持适度赤字，动员社会闲置资金，有利于经济加快发展。

财政理论源流简识

——兼及许廷星教授等的理论贡献和结合“公共财政”的点评

贾康　李全

财政，按照我们的理解和尽可能简约的表述，可称为：是以社会权力中心为主体的（在国家存续期间的社会则是以国家为主体的）、“以政控财，以财行政”的分配关系。

现代国家财政是为了实现国家职能和满足社会公共需要，借助各级政府的预算收支，对一部分社会产品进行的集中性分配。财政在实体经济和社会生活中的表现，是政府的一系列收入分配活动。政府一般通过税收、公债和罚没收入等形式从初次分配和再分配中取得收入，并通过财政支出进行再分配。政府为了顺利地实施这些分配活动，还制定了一系列税务、会计制度。

财政是掌握“公共权力”的社会权力中心对部分社会产品所进行的分配，同社会再生产、剩余产品以及国家和社会公共需要之间，都存在着一种必然的内在联系。“广义财政在现象形态上指的是人类社会发展各阶段以社会性的权力中心为主体的理财活动，包括国家出现之前的原始财政、国家出现之后的国家财政，以及将来国家消亡之后的公共权力中心的财政。”[①] 当然，我国现阶段的财政，除了与原始财政、建立在私有制基础上的国家财政等形态一样，具有“财政一般”的共性之外，还有着自己的“财政特殊”本质，这就是社会主义财政，即建立在以生产资料社会主义公有制为主导的多种经济成分并存经济基础上的财政分配。

人类社会中财政的出现和发展就其渊源可追溯至原始公社时代。但发展出较为系统的财政理论，是在16世纪古典政治经济学形成之后的几百年间。我国有关财政基础理论的系统研究起步较晚，早期的论著始于20世纪二三十年代，但多集中在对现象和历史的评述上。新中国成立后，财政学的发展较快并逐步形成了若干有影响的流派（如“价值分配论”“国家资金运动论”“国家分配论”“共同需要论”“剩余产品分配论”“再生产前提论”等），从不同角度探索了财政的内涵和外延并力图揭示其本质。随着改革开放和市场导向转轨的不断深化，中国财政理论也在吸收国外理论成果和相关政策实践经验之中不断丰富自己，正在建立与社会主义市场经济新体制和现代化社会发展的客观要求相吻合的财政理论学说。

一、西方财政理论简要回顾

财政基础理论的形成和发展伴随着资本主义生产方式的形成和

---

① 贾康. 财政本质与财政调控［M］. 北京：经济科学出版社，1998：59.

发展。英国重商主义学派代表人物托马斯·曼倡导的“贸易差额论”“国防财政论”，是西欧各国封建制度向资本主义制度过渡时代的产物[①]。威廉·配第的《赋税论》被认为是西方最早的财政学专著。十六七世纪，为了促进工业、商业的发展，克服英国财政税收的紊乱状况，威廉·配第提出了财政税制的改革意见。他力图阐明“王土、租税赋课、关税、户别税、富笺、恩赐金税、罚金、独占、官职、什一税、提高币制、灶税、物品消费税等”的性质及方法[②]，是重商主义为满足新兴资产阶级利益而提出的过渡理论，并认识到攫取剩余劳动的主要手段是“贡赋制”。他被马克思誉为“现代政治经济学的创始者”和“统计学创始人”。他还在《赋税论》和《政治算术》中提出了“公平”“确定”“简便”“节省”的赋税四原则。

古典学派的代表人物亚当· 斯密则第一次将财政理论作为经济理论的一个部分加以系统归纳，他关于国家职能及财政作用的观点，体现在其代表作《国民财富的性质和原因的研究》（即《国富论》）第五篇《论君主和国家的收入》和《关于司法、警察、岁入及军备》中。斯密认为，人们相互之间需要交换劳动和财富，在“看不见的手”的支配之下，社会成员在追求和满足自己利益的同时，也使社会利益得到最大的增进，而政府的任何干预总会破坏这种自然秩序。此外，不论是工业或农业的劳动，只要是生产的、有用的劳动，就能创造财富，而宫廷、政府官员、军队等人员的劳动

---

① 刘邦驰. 论中国财政学基础理论之根基［J］. 经济学家，2001（5）.

② 威廉·配第. 赋税论·献给英明人士·货币略论［M］. 陈冬野，等译. 北京：商务印书馆，1978.

都是属于非生产性的劳动，其活动和人员应限制在最低程度。商品的交换价值不仅由劳动所决定，还取决于工资、利润和地租，并以这三部分作为课税依据。财政的职能，是为国防、司法和必要的公共工程筹集税收，分配经费。因此，这一时期所认识的财政职能可归结为两方面，即收入职能和配置职能。《国富论》的问世，使西方财政理论发展成为一个比较完整的体系。亚当·斯密的财政思想及其政策主张，经过大卫·李嘉图等人的继承和发展，对西方各国财政理论的发展产生了极其深远的影响。

资本主义从自由竞争阶段向垄断阶段发展，德国新历史学派的代表人物瓦格纳在他的著作《财政学体系》（1877—1901年）、《社会的财政政策和社会的租税政策》（1891年）以及《财政学和国家社会主义》等一系列论文中，提出强制性的共同经济组织位于个别经济组织之上，必须保障历史所赋予国家的任务得以完成。他提出累进税制，阐述“国家经费膨胀规律”，强调通过国家“租税政策”干预投入和所有的分配，其社会改良思想意在缓和阶级矛盾和贫富分化[①]。此后，现实生活中的个人所得税制和再分配调节逐步发展。

20世纪30年代的经济危机，导致了整个资本主义世界的经济大萧条，以国家干预经济为代表的凯恩斯主义迅速兴起。凯恩斯在他的《就业、利息和货币通论》中强调国家干预经济，提出增加投资、提高就业以解决“有效需求”不足是经济增长的核心问题[②]。

① 朱绍文. 经典经济学与现代经济学［M］. 北京：北京大学出版社，2000.

② 凯恩斯. 就业、利息和货币通论［M］. 徐毓枬，译. 北京：商务印书馆，1999：30，70—71.

以罗斯福“新政”为代表的西方国家政府干预的实践中，推行赤字财政等扩张性政策，对国民经济运行的调控收到显著效果。直到20世纪70年代，失业与通货膨胀并发的“滞胀”局面，宣告了“凯恩斯革命”的结束。在财政功能角度上，理查德·马斯格雷夫和佩吉·马斯格雷夫提出，财政发挥稳定职能时，要兼顾配置职能和分配职能，以保持物价的稳定和充分就业①。

萨缪尔森等人阐述的公共产品（公益品）理论和布坎南强调的公共选择理论，都对现代公共财政理论产生了重大影响。宏观经济学和福利经济学的发展促进了公共经济学的发展。然而，公共经济学作为财政学在当代的前沿形态，“公共经济学很可能是经济学中最充满矛盾的领域。它所研究的领域一向是经济学科中的核心问题——无论是从正面研究还是从迂回曲折和不怎么直接的方式研究：哪些方面必须靠公共部门？如何靠？然而它经常在经济学的边缘探讨，越来越与伦理学、政治学、组织机构研究（公共抉择与制度经济学）相联系……”②。

二、中国财政理论的演进

（一）新中国成立后中国财政理论体系的构建

新中国建立初期，便曾有过对财政本质的讨论：“把唯物辩证法应用在财政现象的研究上，立刻使我们和束缚于旧方法中的讲坛

---

① 理查德·马斯格雷夫，佩吉·马斯格雷夫. 财政理论与实践［M］. 邓子基，邓力平，译校. 北京：中国财政经济出版社，2003：13－14.

② 伊特韦尔，等. 新帕尔格雷夫经济学大辞典［M］. 北京：经济科学出版社，1992：1125.

学者们不同，循着唯物辩证法的指导，使我们能够揭露出财政现象的本质，发现其无限错综和丰富的内容。这是创立新财政学之路”[①]。《新财政学教程》指出：“财政是国家在满足它的需要上，进行社会财富的分配和再分配的经济行为”[②]。这一概念，已经明确地包含了“国家”和“分配”这两个国家分配论的基本要素。这一阶段，财政理论的主要来源还是从苏联引进的占据统治地位的“货币关系论”，并在此基础上形成了一些流派。比如“价值分配论”，“认为‘国家参与价值的分配，必然在社会的各个方面，首先是在各个阶级之间形成一系列的分配关系，而这些分配关系——国家分配价值所发生的分配关系，就是财政现象的本质’”[③]；还有“国家资金运动论”，“认为‘社会主义财政就是社会主义国家资金所体现的经济关系’，而国家资金‘是指社会主义国家所能掌握和运用的全部资金，包括长期运用的和短期运用的，集中运用的和分散运用的，可供分配使用的和只能作周转的。这就是说，它包括国家预算、国家银行和国有企业所能运用的全部资金。至于集体所有制单位和居民个人的资金，当国家以征收税收、吸引存款和储蓄等方式，把其中一部分转入国家手中的时候，这一部分资金就进入了社会主义财政的范围’”[④]。

① 千家驹. 新财政学大纲［M］. 北京：生活·读书·新知三联书店，1949：22.

② 丁方，罗毅. 新财政学教程［M］. 北京：十月出版社，1951：3.

③ 贾康. 财政本质与财政调控［M］. 北京：经济科学出版社，1998：38.

④ 贾康. 财政本质与财政调控［M］. 北京：经济科学出版社，1998：38.

这一时期，国家面临的主要问题是巩固政权、恢复生产、安定人民生活和支持抗美援朝战争。这就需要建立一套不同于以往封建王朝或是国民政府的、可为新中国所用的财政体制。于是，依照1949年《中国人民政治协商会议共同纲领》的规定，取消帝国主义国家在中国的一切特权，废除一切奴役性外债，没收官僚资本使其归国家所有，土地归农民所有，废除旧政权的田赋、税收，同时设置了新中国的财政管理机构，着手建立城市税收和农业税征管制度以及部门财务管理制度，编制新中国第一个概算。1950年2月全国财政工作会议上集中研究了“统一财经、紧缩编制、现金管理、物资平衡”四大问题，并不失时机地颁布了《关于统一国家财政经济管理工作的决定》，以财政收支平衡、现金出纳平衡、物资供求平衡的措施，达到了物价、金融的基本平稳和人民生活的改善。在渡过国民经济恢复时期、以“一五”为标志进入大规模经济建设时期之后，财政管理体制开始向分级管理方向做出探索，并由陈云同志总结、提出了国民经济综合平衡理论。20世纪50年代中期经济建设的巨大成就和后期“大跃进”的失败，为人们的理论思考，提供了正反两方面的经验与教训。财政基础理论的研究，在实践的推动下走向深化。

20世纪50年代末60年代初，中国财政理论界在提出和发展国家分配论的过程中，对来自苏联的“货币关系论”进行了全面批判，使“货币关系论”最终失去了主流地位，关于财政理论的讨论主要集中于国家分配论。如许廷星教授等较早提出了相关理论，认为货币关系只是货币职能的表现形式，不能反映财政的本质。许教授从国家参与社会产品分配所形成的分配关系入手，根据参与分配的主体把社会再生产中的分配区分为经济属性分配和财政属性分配两大类[①]，于1957年在国内首次明确提出了“国家分配论”或称“国家分配关系论”，认为“财政的本质是国家凭借其主权，参与社会产品和国民收入分配过程所形成的分配关系。财政学的研究对象正是这种以国家为主体的财政属性的分配关系”[②]。还有邓子基教授1962年提出相关的财政本质定义：“社会主义国家财政的本质……是无产阶级专政的国家为实现其职能，并以其为主体无偿地参与一部分社会产品或国民收入的分配所形成的一种分配关系，简称为以国家为主体的分配关系或财政分配关系”[③]。于1964年在大连召开的第一届全国财政理论讨论会上，中国财政学界初步形成了国家分配论的主流地位，陈如龙同志、许毅教授等的思想贡献和组织贡献对此产生了重大影响。时隔半个世纪，抚今追昔，许廷星教授等一大批中国前辈学者的学术建树和理论贡献，后人是难以忘怀的。

（二）20世纪80年代以来的中国财政理论

随着改革开放，西方财政理论开始传入国内，并伴随着对传统体制下一些主流观点的反思，特别是结合经济、社会、财政转轨变型的实践探索与丰富信息，出现了对“国家分配论”的一系列争论，形成了一些新的理论流派。如“共同需要论”是“以何振一20世纪80年代提出的观点为代表，认为财政‘是由于人类社会生产

① 许廷星，谭本源，刘邦驰. 财政学原论［M］. 重庆：重庆大学出版社，1986：74.

② 西南财经大学网站《学者春秋》栏目（另载2002年9月西南财经大学出版社出版《光华日月五十春》）：《许廷星——“国家分配论”创立者》。

③ 邓子基. 略论财政本质［N］. 厦门大学学报（哲学社会科学版），1962（3）.

的发展，出现了剩余产品和剩余劳动之后，发生了社会共同需要而产生的。它的实质是人们为了满足共同需要而对社会剩余产品进行分配所发生的分配关系’”①。还有“剩余产品分配论”，则是“以王绍飞的观点为代表，认为……‘财政是由剩余产品形成各种社会基金的一个过程，始终体现国家、集体与个人之间的剩余产品的分配关系’”②。又如“公共融资”说③。陈共在其“再生产前提论”的认识上，也有新的探讨和表述④。许毅教授在20世纪90年代后大力倡导“广义财政学”的学科建设⑤；贾康教授在1998年明确提出了财政基础理论“从国家分配论”到“社会集中分配论”的发展思路⑥。

20世纪90年代，随着党的十四大提出建立社会主义市场经济体制，我国财政学界开始注重对源于西方的“公共财政论”的认识与辨析，一度引起许多关于“国家分配论”和“公共财政论”的理论争论。然而，究其根本，“国家分配论”主要探讨在财政本质观上的基本理论，而“公共财政论”研究的则是财政运行形态的相关

---

① 贾康. 财政本质与财政调控［M］. 北京：经济科学出版社，1998：38.

② 贾康. 财政本质与财政调控［M］. 北京：经济科学出版社，1998：39.

③ 王达. 重新认识财政范畴［J］. 经济研究，1994（3）.

④ 陈共. 财政理论与财政改革［M］. 大连：东北财经大学出版社，1995.

⑤ 许毅. 广义财政学体系初探［M］//许毅选集：第二卷. 大连：东北财经大学出版社，1996：164.

⑥ 贾康. 从“国家分配论”到“社会集中分配论”［J］. 财政研究，1998（4/5）.

认识，学界越来越倾向于两者不是直接对立的关系，而是兼容的甚至是相辅相成的关系，如有的研究者概括为“公共财政，是国家分配的本质观在市场经济条件背景下的具体化体现”①。因此，在争论中，不仅关于以市场经济为背景的“公共财政论”的认识得到清晰化和具体化，而且对“国家分配论”等基础理论的认识也有所深化，逐步形成从财政一般到财政特殊、从财政本质到财政运行的财政理论演进，并反映着我国财政模式正在适应建立社会主义市场经济新体制的客观要求，在改革探索中寻求理论阐释。

三、中国公共财政理论研讨的要点

（一）公共财政的概念

在西方经济学里，“公共财政”属于“公共经济学”的范畴，“政府的经济行为（财政收支行为）是财政学（又可称为旧公共经济学）……从财政收支行为扩大到对私人市场经济的管理和调节，以及扩大到直接介入生产领域并形成一定规模的公共生产部门……随着……宏观经济学和福利经济学的发展，……便出现了原有财政学的拓展，即出现了公共经济学（又称为新公共经济学）”②。这里“公共财政”的外延已经涉及了有关财政的宏观经济学领域。在我国，近年间“公共财政”的概念是在经济、社会转轨的背景下就财政的转型而提出，在政府工作层面上则是1994年项怀诚同志提出

---

① 郭代模，杨涛. 论中国特色公共财政体系的构建・公共财政：经济学家如是说［M］. 北京：经济科学出版社，2000.

② 安东尼・阿特金森，约瑟夫・斯蒂格里茨. 公共经济学［M］. 蔡江南，等译. 上海：上海人民出版社，1994：译者的话.

这一表述并在 1998 年重提，然后在 1998 年 12 月的全国财政工作会议上，李岚清同志明确提出了我国建立公共财政基本框架的思路及相关原则。其后，关于建立公共财政框架的要求，又明确写入了中央全会的文件和国家发展规划。

尽管关于公共财政的讨论已展开十余年，但对其具体定义与内容，仍不具备一个无争议的表述，客观上迄今也不存在一个关于公共财政框架的严丝合缝的全面设计蓝图。我们认为，首先还是应把公共财政看作经济社会转轨中财政转型的一种导向，“财政作为一个理财系统，要按照何种导向来运行，才能最好地适应建立社会主义市场经济这个战略目标的要求呢，回答就是公共财政”[①]。“所谓公共财政是一个政府和财政职能调整的基本思路和导向。从我国现实出发，在传统体制向社会主义市场经济体制转变过程中，需要这样一个财政职能和财政形态调整的基本导向，这个导向，我们即概括为公共财政的导向。这种导向下，强调了财政必须顺应改革，体现政府职能和理财系统自身职能的深刻调整”[②]。随着国家职能的转变，以国家为主体的财政分配行为也发生了一些内在变化。包括财政的分配范围、收支内容和运行特点及调控方式，都与计划经济体制有所不同，而且财政分配和管理模式也发生了巨变。这些变化，都可以并应当提高到财政形态转变的高度来概括和认识。

我们要设计的公共财政应直接服务于我国进行社会管理的需

① 贾康. 公共财政导向下的预算改革 [J]. 中国财经信息资料，2000 (29).

② 贾康. 公共财政导向下的预算改革 [J]. 中国财经信息资料，2000 (29).

要，它进行国家分配活动，为我国国家机器运行和安全体系提供物质保障；为人民大众提供市场不能或不愿提供的公共产品和服务；创造良好的社会主义市场经济运行秩序，保证社会主义国家政权的巩固与公众生活的正常。因此，建立完善的市场经济体制与完备的公共财政体系是相辅相成的。现实生活迫切需要与公共财政相应的理论研讨的深化。

（二）公共财政的内涵、基本特征与展望

公共财政的职能定位或供给目标应该是公共产品，有关公共产品的理论与19世纪80年代后的边际效用价值论分析有关，至萨缪尔森达到较完善的形态。公共财政的内涵，应主要是由政府提供公共产品并与税收等政府收入建立起交换关系，这种行为最终使得财政分配与市场经济更为有效地结合起来，成为经济社会合理运行的基础条件。

在理论界，对于公共财政的内涵和特征还存在着许多的争论。一种观点认为财政纯属于公共性事物，不存在阶级属性。相对的观点则按照我国的主流学派——国家分配论的认识，提出财政是以国家为主体的，或者说是以各级政府为主体的分配关系，除了行使公共权力的职能之外，还有着阶级统治的内容。在一些具体问题上这种争论也在继续，在对公共财政与除公共收支预算之外的其他预算的比较中，厦门大学张馨教授等认为财政可解析为一种“双元”结构，其中一元为公共财政，另一元为国有资产经营财政。另一些学者则认为，作为一个整体的公共财政的概念，在理论基础和实际运行中应是无法割裂为二元状态的。还有的学者则把“双元”说法变通了一下，即不称“双元”，而是“一体两翼”，主体还是一个，即财政，但还有两个翅膀：一为公共预算，一为国有资产经营预算①。

现在越来越多的研究者比较认可的说法，是视公共财政为社会主义市场经济新体制所需要的财政，是一种体现民主制度、依法治国框架下的理财体系，而法治化的社会，规范的公共选择制度的构建则是公共财政赖以稳定存在的基本依托。与此相呼应的是必须形成有效的分税分级财政。在这个体制下，理顺关系以后，才可能在我国从根本上解决基层财政困难等突出问题，才能够真正使财政体制和市场经济并行不悖、配套接轨。

因此，在我国现阶段以理论联系实际的角度审视公共财政，把握公共财政的基本特征，切入点就是要强调其“公共性”，并掌握好由此而展开的制度创新。

首先，公共财政的第一个基本特征，顾名思义是要以满足社会公共需要作为主要的目标和工作的重心。这方面的核心问题，是正确处理公共性与阶级性的关系。在社会主义初级阶段，为了社会的共同利益和不断进步，在政府职能上强调满足社会公共需要，并以此作为政府理财系统的主要目标和工作重心，这与历史发展趋势相吻合，和我们现在这样一个现代化阶段上以经济建设为中心、以全面建设小康社会为纲领，在科学发展观指导下统筹兼顾、最终实现共同富裕的具体任务是紧密结合的。当然，在理直气壮地强调财政服务于社会和谐、全面小康、共同富裕的同时，我们也要客观地、实事求是地看待还未消失净尽的、全球竞争背景下的阶级属性。

---

① 贾康. 公共财政导向下的预算改革［J］. 中国财经信息资料，2000(29).

第二个基本特征，是公共财政以提供公共产品和服务作为满足公共需要的基本方式。这个要领的实质，是正确地处理好政府和市场的关系。市场应该成为资源配置的基础机制，以寻求生产力的解放和最高的总体效益。事实证明，市场主体在分散决策下的运行机制和资源配置机制更有利于解放生产力，这是现阶段的现实。但是市场有其缺陷，有其失灵的领域，政府就必须在这些领域，主要是在公共产品和服务不能有效提供的领域，担负起应尽的责任。政府与市场的“分工合作”有利于生产力的解放和社会总福利与社会效益总水平的最大化。

第三个基本特征，是公共财政以公民权利平等、政治权力制衡前提下的规范的公共选择作为决策机制。公共财政和我们原来没有进入到这个状态的财政以及原来状态下的整个政府理财及相关的决策机制之间的本质的不同，就是我们要实行政府理财和公共事务管理的宪政化、法治化、民主化、科学化，这种权力制衡前提之下规范的公共选择正与公共财政所对应，其实质是要求我们从理念到制度规范都义无反顾地走宪政化、法治化、民主化的道路。

第四个基本特征，是公共财政在管理运行上必然是以现代意义的具有公开性、透明度、完整性、事前确定、严格执行、追求绩效和可问责的预算作为基本管理制度的。现代意义的预算是落实公共财政所有理念、原则、目标和功能的现实载体与操作形式。这一特征归结起来，实质内容是以周密的理财制度防止公权扭曲和落实公共财政的目标、原则与机制。要最大限度地把信息提交给社会成员，当然特殊的机密应该除外。公共财政的发展理所当然要求提高透明度。现在我国推行“部门预算”改革，实际上已经要求按照综合预算来编制，不管是预算内还是预算外，来自公众的钱都是公权行使的物质支撑，必须以完整的预算文件，对公众做交代，尽责任，接受公众监督，减少可能发生的以行使公权导致的公众资源错误配置，形成提高其绩效的长久机制。

根据以上特征，我们在构建和发展公共财政框架的过程中应该形成如下主导因素：

第一，按照公共财政发展的要求在政府和财政的基本职能中收缩生产建设职能。总体上国有经济要实现战略性重组，抓大放小，收缩其总体覆盖面，强调质量。从长期目标看，地方政府和财政应该逐步退出一般竞争性的投资领域。而中央政府要有限介入竞争性领域，即一些长周期、跨地区、特大型的对于生产力布局优化、产业结构升级有战略性意义的重大项目，比如宝钢、京九、三峡等。如果中央政府有限参与，地方政府退出一般竞争性领域以后，财政体制问题中的事权纠葛在最重要、最棘手的“投资权”上就可以基本理清。

第二，要合理掌握财政分配顺序。在公共财政的框架下合理掌握财政分配顺序，首先是保证国家机器在效能前提下的正常运转（在转轨过程中结合精简机构等基本问题逐步解决效能问题）之后排在前面的应是满足公共需要即公共产品和服务的提供。如生态环境保护、国土整治、社会保障、义务教育的普及、公共卫生防疫体系建设等。公共产品和服务提供到位了，社会的投资条件、生存环境的水准就能提高，就会反过来促使整个经济发展活力不断增强。然后，才是政策倾斜方面的事项。

第三，要形成规范的公共选择机制。财力分配和政策安排如何把握轻重缓急，做出合理决策，不能由少数政府官员决定，必须越来越多地依靠法治化的程序、规范的公共选择机制来形成决策方案。

第四，政府部门、财政部门、税收部门等要形成理财系统为公众服务的意识和规范。在财政管理改革之中，观点转变与制度创新需要互动，还要积极依托现已启动的“金财工程”，靠现代信息技术的支撑配合预算管理改革推进，还应以这个系统在相关各部门形成公共财政的制度约束、监督体系。

第五，理财方式必须转变，努力发展“四两拨千斤”的新方式。我们应该借鉴国际经验，以参股、贴息、信用担保、BOT、TOT 等形式，调动社会资金贯彻产业政策，并对实行政策倾斜的项目，实施严格的专家集体决策和内外部多重审计，把政策倾斜中通过“设租寻租”以徇私的可能性压到最低限度。

第六，在公共财政框架下，政府理财方面势必要形成一个协调配套的体系，即必须以系统工程的形式形成一个将公共收支、社会保障与社会成员的收入再分配、国有资产管理、区域协调和经济杠杆的调节运用等在复式预算中合理安排、相互配合的运作体系。

在中国经济社会转轨过程中的错综复杂局面之下，全面建设小康社会，公共财政怎样才能做大蛋糕，兼顾各个方面的要求，需要在实践中研讨理论和得到理论的烛照、指导。公共财政的理论必将在此过程中逐步发展、丰富、提高。

在人类社会发展的历史长河中，公共财政产生与发展变化从总体上呈现出一种“否定之否定”的轨迹。真正意义的公共财政，其初始动态出现于原始社会，而阶级国家的出现使财政的阶级性出现并上升为主导，成为对公共财政的第一次否定，而中世纪末叶资产阶级革命以“社会契约论”为思想武器和以“自由、平等、博爱”为旗帜的社会变革，使财政的公共性在权力制衡、宪政民立框架下，在形式上和分量上开始复归，而由于无产阶级革命而进入社会主义初级阶段之后，必将引来国家消亡过程而使财政的公共性走向更为实质、更为全面的复归，最终完成“否定之否定”①。

参考文献：

[1] 安东尼·阿特金森，约瑟夫·斯蒂格里茨. 公共经济学[M]. 蔡江南，等译. 上海：上海人民出版社，1994.

[2] 马克思. 资本论：第 2 卷 [M]. 中央编译局，译. 北京：人民出版社，1975.

[3] 凯恩斯. 就业、利息和货币通论 [M]. 徐毓枬，译. 北京：商务印书馆，1999.

[4] 哈维·罗森. 财政学 [M]. 6 版. 赵志耘，译. 北京：中国人民大学出版社，2003.

[5] 理查德·马斯格雷夫，佩吉·马斯格雷夫. 财政理论与实践 [M]. 邓子基，邓力平，译校. 北京：中国财政经济出版社，2003。

[6] 威廉·配第. 赋税论·献给英明人士·货币略论 [M]. 陈冬野，等译. 北京：商务印书馆，1978.

① 贾康，叶青. 否定之否定：人类社会公共财政发展的历史轨迹 [J]. 财政研究，2002 (8).

[7] 亚当·斯密. 国富论 [M]. 郭大力，王亚南，译. 北京：商务印书馆，1994.

[8] 伊特韦尔，等. 新帕尔格雷夫经济学大词典：第2卷 [M]. 北京：经济科学出版社，1992.

[9] 邓子基. 略论财政本质 [J]. 厦门大学学报（哲学社会科学版），1962 (3).

[10] 丁方，罗毅. 新财政学教程 [M]. 北京：十月出版社，1951.

[11] 许毅，陈宝森. 财政学 [M]. 北京：中国财政经济出版社，1984.

[12] 郭代模，杨涛. 论中国特色公共财政体系的构建·公共财政：经济学家如是说 [M]. 北京：经济科学出版社，2000.

[13] 贾康. 财政本质与财政调控 [M]. 北京：经济科学出版社，1998.

[14] 贾康. 从“国家分配论”到“社会集中分配论” [M] //贾康. 转轨时代的执着探索——贾康财经文萃. 北京：中国财政经济出版社，2003.

[15] 贾康. 公共财政导向下的预算改革 [J]. 中国财经信息资料，2000 (29).

[16] 姜维壮. 新时期财政理论与改革研究 [M]. 北京：中国财政经济出版社，2001.

[17] 刘邦驰. 论中国财政学基础理论之根基 [J]. 经济学家，2001 (5).

[18] 千家驹. 新财政学大纲 [M]. 北京：生活·读书·新知

三联书店，1949.

［19］叶振鹏，梁尚敏. 中国财政改革20年回顾［M］. 北京：中国财政经济出版社，1999.

［20］朱绍文. 经典经济学与现代经济学［M］. 北京：北京大学出版社，2000.

［21］贾康. 关于公共财政基本特征的认识［J］. 中国财经信息资料，2003（32）.

［22］贾康，叶青. 否定之否定：人类社会公共财政发展的历史轨迹［J］. 财政研究，2002（8）.

弘扬财政建设中的民主精神

——纪念“国家分配关系论”提出50周年

曾康霖

我国著名的财政学家、西南财经大学许廷星教授已经离开我们近十年了。我作为他的学生不仅聆听了他的教导，而且最早拜读了他1957年5月由重庆人民出版社出版的专著《关于财政学的对象问题》。在该书中他率先提出：“财政学的对象是国家关于社会产品或国民收入分配与再分配过程中的分配关系”即“国家分配关系论”。这在当时来说是一个了不起的创举，是关于财政学研究对象的创新。因为新中国成立后，在所谓“一边倒”的理论和政策的支配下，不仅经济建设要依托苏联，学术研究也移植、照搬苏联。在苏联专家大讲财政、财务的实质是货币关系，要方方面面学者学习接受他们的说教的形势下，许廷星教授独树一帜提出财政学研究的对象是“国家分配关系”，自然是对所谓的“货币关系”的不认同。

"国家分配关系论"显示了中国学者的天才、智慧和学术思想，表明了一代中国知识分子不唯书、不唯上、只唯实的治学精神，这是需要有深厚的理论功底、丰富的历史知识和无畏的理论勇气的。

许廷星教授不唯书、不唯上、只唯实的治学精神和无畏的理论勇气不只是体现在新中国成立后他最早出版的《关于财政学的对象问题》这一专著中，在国民党统治时期，他也紧密联系当时中国的实际，评述经济建设、金融、财政领域中存在的理论和实际问题，提出自己的观点和主张，并从学术上进行研究，为财政学科和金融学科建设奠定了理论基础。在这两方面最具有代表性的文章是他在《四川经济季刊》（1946 年 3 期）发表的长篇论文《经济建设与财政建设》（该文约两万字）。在这一著作中特别值得肯定和弘扬的是他提出的"财政建设的民主精神"。现仅就自己的学习体会评介如下：

一、财政建设中的民主精神

（一）财政建设的重要条件在于民主精神

在该文中讨论关于经济建设与财政建设的条件时，作者指出："欲达成建设的目的，欲使建设的成效显著，最重要的一个条件，就是民主精神的具备，也就是经济民主的问题。"作者提出经济民主的内容包括了经济行政民主和经济事业民主两大部分。所谓经济行政民主包括经济政策民主和财政政策民主；所谓经济事业民主则包括劳资间的民主。作者指出经济民主是民生主义精神的内在要求，民生主义的实施和推行应当体现经济民主。

作者针对抗战胜利后中国经济存在的弊端，大无畏地指出，中国的现实是缺乏民主精神。这在经济行政方面表现为"贪污腐化、官僚作风”，整个经济政策和财政政策表现为强烈的专制性与独断性；而在经济事业方面表现为“经济优势者与经济劣势者间缺乏协调与和衷共济”。作者进一步指出：“在经济行政与经济事业间则由于独断性的存在，忽略了方方面面经济实业界人士的宝贵意见，深避固拒的结果，造成政府与民争利的对立形势，从而影响了民族资本，便利于买办资本与官僚资本的膨胀与壮大。因此经济建设与财政建设，必须强调经济民主这一原则，在经济行政与经济事业间必须贯彻民主的精神，政策应该民主化，行政管理应该民主化，劳资应该协调化。”作者强调：“只有经济民主的实现，才能肃清贪污腐化，才能使经济政策与财政政策服从经济建设，真正造福于民与为民造福，才能避免与民争利，才能真正限制买办资本与官僚资本的膨胀与垄断，才能杜绝外国资本而促进民族资本的独立、壮大与发展。”

（二）财政建设的途径在于把民主精神内在于机构、规章制度中

怎样进行财政建设呢？许廷星教授提出，财政建设的目标应当是“建立一种健全的财政制度，这种制度不仅具有一定的规章与一定的程序，而尤其具有内在的民主精神。具有民主精神的财政制度，才能算是健全的财政制度。因为只有健全的财政制度的实施，才能合于普遍、公平、合理与经济的原则，才能使人民负担民主化与受益民主化，这是财政建设的最高目标”。作者指出财政建设的途径，从制度层面说，应当从三个方面着手：第一是建立民主化的财政机构。这种财政机构的责任在于编制全国总预算案，而机构的本身应该是民主化的，机构的地位应该是处于超然的。作者强调指

出："如果机构本身未能达到真正的超然地位，或多或少的有某种程度的附属性质，这就可能影响预算案的确实性与健全性。"第二是预决算公开。具体的做法首先是编制的预算应向民意机关报告，事前让民意机关公开讨论，看政府的预算是否反映人民的利益。作者强调指出，预算公开是对人民表示负责，是对人民公意的尊重。其次是年度终了应当把年度的实际收支编成决算向人民公布，让人民公开批评讨论，以便从舆论上加以监督。作者指出："预决算的公开，可以祛除人民对政府的疑虑，可以提高人民对政治的关心，可以培养人民对政治经济的监督力量。"第三是人事制度的健全合理化。作者指出，人事制度安排，不仅影响行政效率，而且关系政策执行，财政机关最高负责人应由民意机关选举产生，财政机关的一般行政人员应实行文官考试制度。作者指出只有确立和健全人事制度，才能避免"人存政举，人亡政废"的弊端，同时才能提高效率。

（三）"能力负担"和"取之于民，用之于民"是财政政策民主化的基本原则

在政策方面进行财政建设，作者指出有两个原则必须作为施政的准绳：其一是负担民主化。财政政策的运用必须本于"能力原则"，尤其是租税政策必须本于按能纳税。政策的运用广度，必须求其普遍广泛，使人人能尽到纳税的义务。如果政策的运用不够普遍广泛，则结果必然有一部分忠实地尽了义务，而另一部分人则逃避义务。政策的运用深度，必须求其公平合理。如果政策的运用不够深度，则结果必然难于达到钱多多出、钱少少出、按能纳税的原则。作者指出："租税政策离开了能力原则来纳税，其后果会使社

会财富分配不公，造成贫富悬殊。”总之，财政政策的运用必须注意到租税主体与客体的广度与深度的配合，实现公平合理。这是在财政负担上贯彻民主精神。其二是受益民主化。作者指出，财政政策运用在支出方面，必须“取之于民，用之于民”，也就是要注意到财政政策对社会的效果，是否造福大众。如果政策的运用效果只利于一部分人，则这种政策是不利于人民利益的，是缺乏社会化精神的。总之，“能力负担”和“取之于民，用之于民”是财政政策民主化的基本原则。

二、在我国财政建设中需要贯彻民主精神

许廷星教授提出在财政建设中最重要的是民主精神的学术思想已经过去62年了。几十年来，特别是新中国成立后，在财政建设中民主精神贯彻得怎样，值得探讨。

应当说我国进入改革开放阶段，财政建设取得了长足进展，成绩显著，多年来财政收入每年都以20%以上的速度增长，财政支出除了投资于经济建设、支撑改革开放外，还着力于扶贫惠民，政府的运作具有强大的财力支撑。但是大好的财政形势掩盖不了财政领域存在的理论和实际问题，比如财政投资风险存在，谁来承担？支农资金农民受益是否到位，怎样考察？再如在财政管理体制中如何处理好中央与地方的关系，税负是否过重，公共品的供给是否充足等。讨论、解决好这些问题，有利于财政建设、推动财政学科的发展。在这里，仅就税负问题略抒于后，因为它更能反映财政建设中的民主精神。

（一）关于税负问题的舆论概括

近年来，关于税负问题学术界和业内人士提出了不少意见：有人置疑多年来税收一直以20％以上的速度增长，是否正常；有人指出与外国相比税负过重；有人提出政府财政支出中37％以上属于行政公务费用，这是缘于中国的官太多了，官与民众的比例为1∶18，即18个人养一个公务员，据此有人置疑为什么政府的钱总是不够花；有人研究这些年来政府储蓄的增长超过企业，而企业储蓄的增长又超过居民，于是有人进一步提出国民创造的财富哪里去了，是“藏富于官，还是藏富于民”，甚至提出“国富民穷”的论断。当然，在这些舆论存在的同时，也有人呼吁“要理性地看待税收增长”。

（二）税负高不高怎样衡量

我国现阶段的税负究竟高不高？以什么去衡量？国家税务总局说不高，因为2006年税收占GDP比重仅19％，而工业化国家，平均宏观税负为22％，发展中国家平均税负为19.33％。但有人说不能用这个方法算，因为还有大量的非税收收入未纳入，如果纳入则不是19％而是31％。此外，关于税负高不高的问题，国外出版的《福布斯》杂志，提出了“税负痛苦指数”概念。该指数为各种税收边际税率总和，也就是说税负重不重以边际税率去衡量，如我国个人所得税最高的边际税率为45％，相对有的国家来说是较低的。但有人说这不科学，因为按此税率纳税的只能是少数人，据此衡量不能反映我国个人所得税负担的平均水平。据统计，我国所得税占税收的比重约为17％，而西方发达国家所得税占税收的比重为50％左右，因此拿所得税来衡量，不能说明问题。

关于税负高不高的问题，我认为需要引进“纳税成本”这一概念。关于“纳税成本”的含义，有的人理解为“是纳税人在一定时期内为纳税而消耗的人力、物力、财力与本期实缴税收之比”。也有人从税收征管的角度提出“征税成本”。无论是前者还是后者都是从某一方去看待纳税或征税的付出。但在我看来，讨论纳税成本要把付出与回报结合起来才更有意义。纳税是纳税人的付出，付出需要回报，如政府提供公共品得到各种福利等，回报是纳税人的收入，“付出－收入＝纳税成本”。纳税成本的经济含义表明的是公众为了维护国家机器运转所承受的负担，即付出的代价。引进“纳税成本”这一概念是为了考察公众对政府的付出与从政府那里得到的收入（回报）是否均衡、协调，进一步说是表明公众和政府行使的权利与承担的义务是否对等。要知道，在世界上有“高税收与高福利的国家”，有“高税收与低福利的国家”，也有“低税收与低福利的国家”。高对高、低对低都能实现对等，只有高对低不能实现对等。税负高不高要考察它们的对等状况。2006 年世界银行和普华永道会计师事务所对 175 个国家（地区）联合调查，中国排名第 168 名，纳税成本高居世界第 8 位，有关部门认为其统计方法、计算方法不科学，这自然是可以研究的。但它仍能从国际比较的角度表明中国的税负是偏高的，内含着纳税人的付出与回报未实现对等。

（三）考察税负高不高必须倾听民意、关注民生

税收制度需要改革，改革税收制度必须正视税收领域中存在的问题。应当承认我国现阶段税收领域中存在的问题：一是征收制度缺乏民意约束；二是税收与公共品供给不对称。这两大问题的存在

表明在税负问题上缺乏关注民生。在国外，一些发达国家在考察税负问题时，是纳入了社会保障税的，社会保障税体现了“取之于民，用之于民”，有“劫富济贫”的含义，但它更关注民生。

三、财政为庶政之母

许廷星教授在著作中指出“财政为庶政之母”。这句话的本意是财政建设有产出、增进政府功能的作用。静态地理解可诠释为：财政有了钱政府才能办更多的事。如果动态地理解，则寓意着：财政的建设和发展，孕育着政府职能的变革和丰富。怎样推动财政的建设和发展呢？按许廷星教授提出的财政建设中要具备民主精神的学术思想，政策应该民主化，行政管理应该民主化，劳资应该协调化，人民负担应当民主化，受益应当民主化。许廷星教授把这些财政建设的民主化思想具体化为财政制度建设的三大途径，其内容中特别提出，财政机构的地位必须超然；财政预决算必须公开；财政政策的运用必须本着“能力原则”和“取之于民，用之于民”。我认为，是符合坚持科学发展观、推动和谐社会建设的。只有负担民主化，按能力纳税，社会才能和谐共处；只有受益民主化，“取之于民，用之于民”，财政才能持续协调发展。

政府财政是国家的经济基础。国家存在于社会中，社会由一系列契约关系组成。由此我们能够说国家是契约关系的合成体。民众在契约关系合成体中只是一部分，民众与国家的关系代表着不同的权利与义务。在社会学中讨论民众与国家（即政府）的关系时，有三个概念，即臣民、国民、公民。三个不同概念有三种不同的含义：如果一个国家的统治者把自己国家的民众变成臣民，则要他们遵纪守法，服从命令，不能“犯上作乱”；如果一个国家的统治者把自己国家的民众变成国民，则要他们爱国爱邦，振兴家园；如果一个国家的统治者把自己国家的民众变成公民，则要他们具有主人翁意识，要监督政府和公务人员，因为公务人员是社会公仆。

从推动财政建设的角度讲，在处理民众与国家的关系时，要注意有影响力的经济阶层。在经济发展中，能否形成一个有影响力的阶层，这对推动民主政治（包括财政建设中的民主精神）至关重要。影响力体现在什么地方？影响力主要体现在维持政府运行的经费主要由这个阶层负担。你（政府）花我（阶层）的钱，必须按我的意图办事。换句话说，政府的运行规则必须为这个阶层服务。这就叫经济基础决定上层建筑。在政治学研究中，提出了“领主国家”——国家花钱来自领主；“税收国家”——国家花钱来自税收；“预算国家”——国家花钱来自预算，预算是指财政统一，预算监督。我国自然应当成为“预算国家”，政府花钱，事前要有预算，事后要有审计，如果老百姓都不知道政府的钱花在哪里，何谈民主。

有人分析，一个国家缺乏民主法制，就是因为经济不发展，人民收入水平不高，缺乏一个有影响力的经济阶层。反过来说，要建立健全民主法制，就必须发展经济，提高人民的收入水平，让社会形成一个中产阶层。在社会经济学的研究中，曾提出人均收入1000美元之后是一个转折点，也就是要关注这个时期中产阶层的形成对民主建设的影响。此外，一个国家的民主法制状况，会受到利益集团的影响。为此，要考察这个国家存不存在利益集团，如果存在，利益集团的偏好、导向是什么，是为了谁的利益。利益集团的偏好、导向、为了谁，都会体现在政府的行为、方针政策中，一个外国人（印度人拉詹）写了一本书叫《从资本家手中拯救资本主义》。在这本书中所谓的“资本家”就是既得利益者，进一步说就是那些权势阶层，所谓“资本主义”就是指自由市场经济。所以，所谓“从资本家手中拯救资本主义”，简言之，就是要抑制、削弱那些既得利益者的权势，推动自由市场经济的发展。许廷星教授指出，财政机构本身应处于超然地位，就是要在财政建设中，摆脱利益集团的影响。如果财政建设受利益集团左右，何谈民主。

参考文献：

[1] 许廷星. 经济建设与财政建设 [J]. 四川经济季刊，1946，3 (2).

[2] 许廷星. 修正金圆券发行办法评议 [J]. 四川经济汇报，1949，1 (5/6).

[3] 许廷星. 经济失衡与物价问题 [J]. 四川经济汇报，1948，1 (1).

[4] 许廷星. 关于财政学的对象问题 [J]. 财经科学，1958 (2).

[5] 许廷星. 财政平衡与国民经济总体平衡 [J]. 四川财政研究，1985 (4).

作者单位：西南财经大学中国金融研究中心

怎样发展好中国特色社会主义财政

——纪念许廷星教授创立国家分配论 50 周年

梁尚敏[1]

许廷星教授是我国老一辈著名的财政学家。他创立的财政基本理论“国家分配论”[2]，历经 50 周年，即便在今天读来，也倍感亲切，处处闪烁着学术的光芒。他一方面指出必须从社会再生产的分配关系入手，深入认识财政的基本属性及其地位作用；另一方面，率先创造性地回答：财政就是以国家为主体的分配关系，财政学的研究和它不可分离。这是我国“国家分配论”成为主流学派的起始，也是它发展至今长盛不衰的缘由。

随着我国改革开放的不断深入，社会生产力的较大发展，国家

---

① 梁尚敏，中南财经政法大学教授，中国财政学会常务理事。

② 许廷星. 关于财政学的对象问题［M］. 重庆：重庆人民出版社，1957.

财经实力的大幅度提高，人民生活的显著改善，市场经济下的财政理论与实践也正在蓬勃发展。特别是党的十七大提出了一系列新的理念和战略部署，我们必须与时俱进，在传承、丰富“国家分配论”的基础上，围绕发展好中国特色社会主义财政做出全新的思考。

按照高举中国特色社会主义伟大旗帜，坚持走中国特色社会主义道路的要求，为建设富强民主文明和谐的社会主义现代化国家，各级政府及其财政必须从改善民生入手，扩大公共服务，完善社会管理，促进社会公平正义，努力实现全体人民“学有所教、劳有所得、病有所医、老有所养、住有所居”，从而为构建和谐社会，全面建设小康社会做出新的贡献。

从牢记我国处于并将长期处于社会主义初级阶段的基本国情没有变、人民日益增长的物质文化需要同落后的社会生产力之间的社会主要矛盾没有变出发，我国当前正处于“黄金发展期”和“矛盾凸显期”，发展中国特色社会主义财政，恰逢其时。它既是强国富民、政府转变职能的需要，也是坚定不移地走中国特色社会主义道路的内在要求。为此，围绕下列七个方面，创新、发展符合成熟市场经济要求的中国特色社会主义财政是非常必要的。

第一，提升财政基础理论和财政理论基础的研究水平。这里最重要的是两条：一是开阔视野，拓展研究领域，例如公共财政怎样促进“五大文明”（物质、精神、政治、社会、生态）、“五化”（工业化、信息化、城镇化、市场化、国际化）的实现；二是把整个研究奠基于中国特色社会主义理论体系之上，将原来狭义的财政学拓展为广义的财政学，通过它推动财政理论研究的纵深发展，引导财政实践开创新局面。

第二，搞好财政的转轨变型。所谓转轨，是指从以往的经济建设投入比重过高，公共服务支出偏低的轨道转移到加大财政用于教育、医疗、就业、环保、基础设施等社会服务的轨道上来，让公共财政阳光普照城乡大地。而变型则是从原来的“生产建设型财政”过渡到“民生、环保、阳光、可持续发展型财政”，发挥好为全体人民生存、发展和社会安居乐业的服务功能。一句话，按照社会共同需要完善公共财政体系，就是把公共财政活动范围定位于提供公共产品和准公共产品，逐步满足人的全面发展和社会共同需要。这对实现中国特色社会主义事业“四位一体”（经济、政治、文化、社会建设）的总体布局，推进改善民生，解决好人民最关心、最现实、最直接的利益问题，至关重要。

第三，创新财政宏观调控体系。我国已连续四年经济快速增长达到10%或超过10%，2007年预计将实现11.5%的增速。然而，经济总量供求受到通胀的压力增大；结构优化的阻力突出（需求结构、产业结构、要素结构面临非加大转变力度不可的局面）；速度、质量、效益的协调，人口、资源、环境的协调，消费、投资、出口的协调，城乡、区域的协调不到位。这些均和推进“五个统筹”（统筹城乡发展、区域发展、经济社会发展、人与自然和谐发展、国内发展和对外开放）有不少的差距，对放眼世界，统筹国内、国际两个大局很不利。例如，我国GDP总量2006年达到27 000亿美元，占世界GDP总量的5%左右，但为此的消耗占世界能源消耗的15%左右、钢材的30%、水泥的54%；又如城乡居民收入差距，1978年为2.47∶1，2006年为3.27∶1；区域间收入差距，1978年最高收入与最低收入地区差距为 2.17∶1，2006 年约为 4∶1；等等。此外，宏观调控失灵、失控的现象也开始抬头，例如猪肉补贴、出租车油价补贴等，此起彼伏。为此需要从体系上着手，一是建立健全财政宏观调控预警机制，规定红、绿、黄灯区域，采取微调、小调、大调、普调等方式，既不能“空调”或“调空”，也不能马后炮式的事后才调。二是健全合理的利益协调联动机制，包括物价上涨多少，职工工资相应上调多少；实行“普调”经济和财政收入增长幅度与城乡居民收入同步增长的机制等。必须尽可能少地对一部分地区和居民滥用财政补贴，否则，其后果往往得不偿失。三是建立化解矛盾的财政保障机制、灵活机动的疏导机制。四是形成稳健与预防相结合的抗风险的安全机制。当然，有效的资源合理配置机制，更是环保、资源节约、产业结构升级等所不可或缺的。

第四，实行稳健的结构性财政政策。整个政策体系的核心应该是公平正义，向民生倾斜，着重解决人民最关心的现实问题。基于公共服务型政府，一切为了人民、一切属于人民、一切服务人民的原则，财政收支结构优化、经济结构优化、公共服务结构优化、社会事业发展结构优化等，都要求财政政策在稳健的基础上，突出合理的倾斜，才能使全体人民享受改革发展共建共享的成果。例如，在城乡差距不断扩大的现实条件下，财政政策不向“三农”倾斜，不为缩小城乡差距铺路，必然会加剧城乡二元结构的矛盾，正如有些同志所说的，我们不能继续搞“城市建设像欧洲，农村发展像非洲”。这里，税收政策、财政补贴政策、国家预算政策等都要为发展好中国特色社会主义财政鸣锣开道。

第五，深化财政体制改革不能停步。我国经济社会发展的极端不平衡性，如果按部就班的年年小改小闹，体制改革很难有新的突破。党的十七大对收入分配体制改革提出了许多新的任务，如：再分配更加注重公平；逐步提高居民收入在国民收入分配中的比重、提高劳动报酬在初次分配中的比重、提高低收入者收入、提高扶贫标准和最低工资标准（四个提高）；创造条件让更多的群众拥有财产性收入；保护合法收入、调节过高收入、取缔非法收入；建立覆盖城乡居民的社会保障体系；建立基本的医疗卫生制度等，都为进一步深化财政体制改革指明了方向。因此抓住三个重点不放是深合时宜的：一是因地制宜地实行分类指导，统筹规划地分步推进。这是正确处理集中与分散、统和放、事权与财权相结合的关键。二是逐步放活地方财政体制。目前，不少地区已在试点省管县的财政体制，有些实行了乡财县管乡用财政体制，还有试行村财民理乡代管的体制等，已经有了良好的开端。实证表明，在条件已经大大改善的新形势下，体制不死不活，久拖不决，只会阻碍经济发展方式等一系列重大问题的转变，同时也束缚财政本身活力的增长。三是完善公共财政体系，实施科学的财政转移支付制度，推进公共服务均等化发展，特别是支持农村发展生产力、加强农村基础设施建设、促进农村教育、卫生文化等社会事业的发展，各级政府都需要善于运用财政转移支付制度，予以全力支持。

第六，调整、充实财政发展战略，确保宏伟战略目标的实现。中央提出：在优化结构、提高效益、降低消耗、保护环境的基础上，实现人均国内生产总值到2020年比2000年翻两番的新的更高要求的目标，表明从财政发展战略思想到战略重点、战略目标等都将围绕它做出新的部署。按照科学发展观的要求，财政发展战略必须抓住机遇加快发展，统筹兼顾协调发展，遵循规律持续发展，以人为本和谐发展，将科学发展这条主线贯穿于公共财政活动的始终，必须认真进行转轨变型，充分发挥公共财政的职能作用，更好地为满足社会共同需要服务。

第七，严格依法理财，加强财政的民主法制建设。以往财政分配中的有法不依、执法不严、违法不究、贪污浪费严重，财政资金流失巨大，都是一种顽症。为此，必须改变那种有令不行、有禁不止、公信力差的现象，从加强立法、严格财经纪律入手，发挥民主监督、财政内部监督、国家审计监督等作用，这是体察民情、顺应民意、权为民所用、利为民所谋的客观需要。

可见，发展中国特色社会主义财政，必须更加自觉地走科学发展道路，奋力开拓“国家分配论”更为广阔的发展前景，同时使治国理财的多个环节在改革创新中阔步前进。

构建中国特色社会主义公共财政的几点思考

——纪念许廷星先生专著《关于财政学的对象问题》出版50周年

阮宜胜

财政学与任何一门经济学一样都与一定的经济时代密切相关。时代在发展，所以没有一成不变的经济学，也没有一成不变的财政学。

（一）

在新中国建立初期刚刚完成社会主义改造并迈向社会主义建设时期的1957年，我国老一辈财政学巨匠之一的许廷星教授便出版了专著《关于财政学的对象问题》（1957年由重庆人民出版社出版），在当时的学术界第一次比较系统地提出并论述了国家分配论的基本内容，为我国计划经济时期国家财政学的构建做出了自己的贡献。

五十年过去了，经过二十余年社会主义建设和近三十年的改革开放，中国已经发生了举世瞩目的变化。中国财政学已由国家分配论变革为公共财政论。因为中国已经初步构建社会主义市场经济框架并正在逐步完善社会主义市场经济体制，所以构建与市场经济体制相适应的公共财政模式是必然的选择。但是，中国不是西方国家，不可能照搬西方国家尤其是西方发达国家的公共财政模式，因为中国实行的是社会主义市场经济体制。因此，中国的公共财政只能是在借鉴西方国家公共财政合理的、科学的成分基础上，从中国的国情出发，构建中国特色的社会主义公共财政理论。党的十七大报告指出："改革开放以来我们取得的一切成绩和进步的根本原因，归结起来就是：开辟了中国特色社会主义道路，形成了中国特色社会主义理论体系。"本文认为，不客气地说，虽然目前主编、编著的冠名为《公共财政学》的教材很多，但并没有一本真正的中国特色社会主义公共财政学。所以，构建中国特色社会主义公共财政学仍然是摆在我国财政学界面前的一项长期而又艰巨的任务。

首先，应该肯定的是中国特色社会主义公共财政学不可能没有经济学理论基础。在中国特色社会主义市场经济学没有建立起来的时候，要真正建立起中国社会主义公共财政学恐怕是很难的。所以，构建中国特色社会主义公共财政学还有待于中国社会主义市场经济学的真正建立。而目前我国仍处在经济体制转型时期，一说到中国经济学，学者们基本上还处在"两张皮"的状态即马克思主义政治经济学和西方经济学各说一套的时期，没有根据经济转型，符合构建中国社会主义市场经济发展要求的中国特色社会主义市场经济学。

其次，我们也不能盲目等待。就是说，不能等到中国特色社会主义市场经济学建立之时再谈构建中国特色社会主义公共财政学。因为我国毕竟初步构建了社会主义市场经济体制的框架，明确了构建中国社会主义公共财政的取向并且在财政实践的某些方面已经取得了实质性的进展。所以，财政学界的理论研究不能滞后。在这方面，我们要学习许廷星等老一辈财政学家不断探索、进取和超前的精神，研究中国财政问题，为建立中国特色社会主义财政学而努力。

（二）

那么，应怎样构建中国特色社会主义公共财政学呢？笔者以为，总体来说就是以“马学为本、西学为用”，从中国国情出发，探索中国社会主义市场经济条件下的财政问题，建立适合中国社会主义市场经济发展要求的财政学理论体系，具体说来：

第一，“马学为本”，就是要以马克思主义基本原理为指导，以发展了的马克思主义经济理论为根本。从马克思主义的历史唯物论和辩证唯物论出发，我们说，财政说到底是一种公共分配。这种公共分配在不同的经济社会形态下表现为不同的财政形态或财政模式。从经济形态看，人类社会经历了自然经济、计划经济、市场经济三种形态，应该说就有与之相适应的自然经济财政、计划经济财政、市场经济财政三种财政形态。从社会形态看，人类经历了无阶级的原始社会，有阶级的奴隶社会、封建社会、资本主义社会、社会主义社会。很显然，也应该有与之相适应的无阶级的原始社会财政即原始的公共分配，有阶级的奴隶社会财政、封建社会财政、资本主义社会财政、社会主义社会财政。后者可以统称为国家财政，这是因为有阶级社会都是以国家形态出现的。具体的是否可以这样说，我国现在的财政就是国家财政与市场经济财政结合在一起的财政，只不过我们是社会主义国家财政与社会主义市场经济财政的一体化。公共财政是市场经济下的财政模式，它揭示了财政的公共性的一面。但在阶级社会里，财政必然有它阶级性的一面。当然，公共性最终是为阶级性服务的。阶级性与公共性应该是我国社会主义市场经济体制下财政的基本属性。从马克思主义经济理论出发，我们认为，现代社会财政基本上是对社会产品价值的分配，所以必须坚持马克思主义的劳动价值学说。否则，我们就可能会陷入“没有价值的创造而有价值的分配”的误区。

第二，“西学为用”，就是要借鉴西方财政理论。西方财政税收理论也称为公共部门经济理论，是西方经济理论的重要组成部分。西方财政理论是在市场经济大背景下对财政税收方方面面问题研究的成果。我国要完善社会主义市场经济体制，发展市场经济，完全有必要借鉴西方成熟的市场经济财政税收理论和做法，为我所用。比如，公共产品理论、公共选择理论、效率与公平的理论、财政税收效应理论、财政宏观调控理论等，都是我们应该借鉴的。诚然，借鉴不是照搬。我们不能把西方的东西全部照搬过来。因为根植于西方土壤的东西不一定适合于中国，不要说那些在西方已经被否定、被抛弃、过时的理论和政策主张，就是需要借鉴的也有一个消化和嫁接的过程。

“西学为用”中还有一个多学科综合运用的问题。多学科包括法学、政治学、行政学、新制度经济学、信息经济学、计量经济学、博弈论等，其中法学和新制度经济学在财政税收上的应用具有重要的理论意义和现实意义。

第三，要继承和发扬优良传统。历史总是传承的。在构建中国社会主义市场经济财政理论体系中，我们决不能“数典忘祖”。我们中国有数千年的财政税收文明。从传说中的夏贡、商助、周彻，到管仲的相地衰征、关市讥而不征，孔子记载“初税亩”，主张敛从其薄，商鞅的赋税对经济的反作用的思想，根据富国强兵的需要决定赋税轻重的思想和重农抑商的税收政策主张，托名《管子》中的予而后取、藏富于民和取之有度、用之有止的税收思想，赵奢的以法理财治税思想，唐太宗李世民的薄赋轻徭的思想和政策主张，扬炎的“量出制入”的政策主张，王安石的“因天下之力以生天下之财，取天下之财以供天下之费”的财税改革思想，张居正的厚商利农兼顾、轻关市之征的主张，李自成的“均田免粮”（农业税）的主张，严复的关于税收与国家的关系的论述和税负适度、关税自主的思想，再到孙中山的平均地权和开征地价税的赋税思想，等等。所有这些，无不体现着当时时代的思想光芒，有些甚至还能“古为今用”。

毛泽东财政经济思想是毛泽东思想的重要内容。毛泽东的经济决定财政，财政影响经济的思想，取之于民、用之于民的思想，等等，应该说对我们今天的财政理论的构建都有着重要的指导意义。

新中国成立以来，我国经济学界和财税理论界对税收的研究，应该说是硕果累累。20世纪五六十年代，我国学者就批判了苏联的“非税论”，并逐步建立起中国“国家税收”理论。20世纪80年代，我国学者提出了“杠杆论”，初步触及了财政效应理论。无疑，这些都为我国税收理论体系的建立奠定了基础。

最后，就是要从当今中国国情出发，按照科学发展观和构建和谐社会的要求，构建中国的财政理论体系。这是因为任何一种财政理论都不可能在真空中产生。当今中国国情，一是社会主义政治经济制度；二是中国是一个发展中国家，人口多，人均收入水平低。当前，我国正处在经济体制转变的关键时期，我们必须按照科学发展观和构建和谐社会的要求，为全面建设小康社会，开创中国特色社会主义事业新局面而努力。诚然，这需要在不断深化改革中逐步转变政府职能，建立以间接手段为主的完善的宏观经济调控体系，促进社会主义市场经济的发展，保证国民经济的健康运行。财政作为直接掌握在政府手中的重要经济杠杆，是宏观调控体系的重要组成部分，无疑将发挥重要的功能作用。那么，当前我国财政如何适应建立社会主义市场经济体制的要求，在保持经济总量的基本平衡，促进经济结构的优化，引导国民经济持续、快速、健康发展，推动社会全面进步方面发挥其应有的作用，显然是摆在我们面前的重要课题，需要我们继续去研究、去探索。

（二）

按照社会主义市场经济发展的要求，界定我国财政职能和财政支出范围是构建中国社会主义公共财政学的基本问题。它是计划经济财政与市场经济财政的基本区别。虽然建立中国特色社会主义公共财政学尚待时日，理论体系框架的建立和完善还有一个过程，甚至还有许多问题需要一步一步地明确，比如在社会主义市场经济条件下我国政府规模究竟应该是多大？政府成本究竟应该是多大？我国的民主政治制度下财政抉择机制如何选择和财政支出的透明度问题？政党包括执政党的经费与公共财政的关系是什么？等等，不一而足。但是，在另外的许多方面主要是财政职能和财政的公共服务支出方面应该是很明确的或者是可以逐步明确的。财政支出的公共性直接体现着财政的公共性。它实际上是财政职能的转变和公共财政范围的界定问题，也应该是财政的基本理论问题。

目前，我国财政在公共服务范围的界定上有些已经明确了，比如教育支出特别是义务教育支出、环境保护支出、最低生活保障支出等。但有些至今还不明确但确实需要明确的，比如社会保障特别是其中的失业保障、养老保障、医疗卫生保障，我国政府和财政应该承担什么职责至今不明确，即没有明确社会保障是不是属于我国财政公共服务范围。虽然近些年我国财政支出中有社会保障支出，但那是没有法律依据的，只是道义上的。这是一个在市场经济体制下需要明确的问题，也是我国社会保障模式的选择问题。

此外，我国财政还有一些混乱的现象和说不清的东西，恐怕都是与构建中国社会主义公共财政不相容的，都需要认真地梳理和逐步地规范。限于篇幅，在此不一一赘述了。

两种属性分配关系与国家分配论

——纪念许廷星《关于财政学的对象问题》出版50周年的思考

王国清

许廷星教授1957年出版的专著《关于财政学的对象问题》，在我国第一次提出并系统地论述了“国家分配论”的基本内容。其针对的是苏联学者关于财政学对象是“货币关系论”的观点。其所提出的两种属性分配关系和“国家分配论”，涵盖了“以国家为主体”“满足整个社会的共同需要”等丰富内容，在中国当代财政学发展史和今天的理论探索方面，具有重要的理论价值和现实意义。

关键词：两种属性分配关系；国家分配论；共同需要

在财政理论界关于基础理论的研讨中，涉及“国家分配论”到底是谁第一个提出的，这个理论是不是计划经济的产物，最初提出的“国家分配论”到底包括哪些主要内容。这三个问题不仅关联该理论的发展、演变的探索，而且涉及对其他财政理论的进一步研讨。2007年恰值许廷星教授《关于财政学的对象问题》专著正式出版50周年，我们认为，上述三个问题，许廷星的专著已作了回答。谨以此文作为纪念。

一、两种属性分配关系和国家分配论的提出

两种属性分配关系的理论，肇始于许廷星教授在1957年由重庆人民出版社出版的专著《关于财政学的对象问题》。许廷星教授提出了“财政的分配关系”和“经济的分配关系”，并指明了这两种分配关系的联系与区别：“财政所表现的分配关系其所以与一般经济所表现的分配关系不完全相同，因为经济的分配关系是从生产资料所有制发生的分配关系，而财政的分配则是从国家职能所发生的分配关系。前者表现在经济的领域，后者既表现在经济的领域，同时也表现在非经济的领域。但两者相同的地方，是在同一的社会生产关系决定下，都是属于社会产品或国民收入的分配或再分配。……所以原始公社时期及将来共产主义时期，只有一般经济的分配关系而无财政的分配关系。”[1]1986年由许廷星、谭本源、刘邦驰教授著的《财政学原论》则重申、深化和发展了这一理论，并规范称之为再生产过程中两种属性的分配关系理论，即“一种是在生产资料所有者为主体的条件下出现的分配关系，一种是与国家职能联系的在以国家为主体的条件下出现的分配关系。前者是经济属性的分配关系，后者是财政属性的分配关系”[2]。

两种属性分配关系和“国家分配论”是针对苏联学者的财政学对象是“货币关系”而提出的理论。许廷星教授认为：“从货币关系立论……自己感到很不满意。”他关于财政学对象问题的研究，

"开始于1955年的下期，而于1955年年底和1956年年初完成初稿。当时研究这个问题是从'货币关系'着手的，但在研究过程中发现有很多问题不好解决，如历代财政上的征实问题，并不表现为货币形态，是否就不算是财政？财政上的征实问题并不是人类社会发展史中偶然的历史现象，不但在奴隶制社会的国家财政中有征实，就是在封建主义社会的国家财政中也有征实。在中国鸦片战争前夕的国家财政中还存在实物贡纳和实物征收，如马贡、狐皮贡、漕粮、漕耗等，在国家财政的岁出中，也还存在禄米制。如把'货币关系'当成财政规律来说明社会历史发展诸阶段中的财政，很难具有说服力。从货币关系立论，解决了这一社会形态的财政问题，但又不能解决另一社会形态的财政问题。货币关系仅是货币职能的表现形式，不容易从货币形式所表现的现象看出问题的内在关系。并且把货币现象说成是财政，也觉得财政是漫无边际，无所不包，因而完成初稿后，自己感到很不满意"。因此，在1956年，他才"大胆地从货币关系的圈子里钻出来并从分配关系来试图研究解决这个问题"[1]。

二、两种属性分配关系和国家分配论的基本内容

（一）财政学的定义

财政学"是生产诸关系中有关分配关系发展的科学，它研究人类社会各个发展阶段上国家对社会产品或对国民的收入分配及再分配规律"。财政学"是运用辩证唯物主义的方法来研究人类社会各个发展阶段有关国家职能所发生的分配关系的发生、发展及其消亡的科学"[1]。

（二）财政学的对象

财政学的对象“是国家关于社会产品或国民收入分配与再分配过程中的分配关系，简单地说，也就是人类社会各个发展阶段中国家对社会的物质资料的分配关系”[1]。（着重点是原文所加——引者注）“财政学的研究范围并不是无所不包的涉及所有货币关系的范围，而仅是国家职能所发生的财政分配关系所涉及的范围，其中也包括了财政分配关系中所具有的货币形式。”[1]

（三）不同于货币关系论的财政的定义

“财政是国家对社会的物质资料的分配。……这种分配在不同条件下，或者表现为实物形态，或者表现为货币形态，但在各种表现的形态后面，实际上都是属于社会的物质资料的一种分配。”[1]

（四）财政的产生与国家职能的关系

上述“概念说明了财政的产生及其与国家的关系”，而且，“从人类社会的发展历史说，自从人类社会出现了阶级和国家，也就出现了财政。阶级和国家不存在，财政也就随而不存在”[1]。许廷星教授通过对原始社会、奴隶制社会国家、封建建制国家和资本主义国家财政的分析，指明“财政与国家职能是不可分的，社会主义社会国家的财政，也是从属于其国家的职能的”[1]，所以，“自从人类社会有了阶级存在，有了国家存在，也就有财政存在。相反的，没有阶级的存在，没有国家的存在，也就没有财政的存在。在原始公社时期是如此，在将来共产主义时期也是如此。由此可见，财政的存在与国家职能是分不开的”[1]。

（五）国家对社会的物质资料分配的表现形式

财政“与一定社会形态的生产关系是有着内在的相互联系的关

系的”。“一定的社会生产关系，决定同它相适应的一定的分配关系，而分配关系是与生产、交换、消费相互联系而又受生产积极影响的。财政是属于分配关系之一，因而财政与生产、分配、交换和消费是相互联系而又相互影响的。……既经济决定财政，而财政也积极影响经济。”[1]奴隶制社会的财政分配关系是“以实物或劳役的分配形式为主，而利用货币形式的分配次之”，也就是“通过实物或货币以贡租和税捐的形式来表现”[1]。封建社会国家财政的分配关系，表现为以下形式：第一种形式是大小采邑封君陪臣对帝王的贡献；第二种形式是封建帝王凭借封建统治特权，独占生产手段，并把城堡城市当成私产而产生的特权收入，如居民开矿、制盐、狩猎、捕鱼、使用磨坊打铁炉等，均须负担贡纳义务，付出实物或货币为代价；第三种形式是各种捐税收入，如中唐时改“租庸调”为“两税制”，折征货币；明代创行“一条鞭法征收银两；清代对民田征收的田赋；以及在中国封建王朝历代征收的商业税、入市税、关税、茶、盐、酒税等”。总之，“封建王朝国家在财政上的分配关系，都是在农奴劳动的基础上，初期以实物形式的分配为主，而以货币形式的分配为次。到封建主义社会末期，则主要表现为货币形式的分配”。“财政的分配关系，则是通过国家以赋税和各种税捐的形式来表现。”[1]资本主义国家财政的分配关系，“利用货币形态对国民收入进行分配和再分配”“以税收、公债、通货膨胀、国外贷款等形式”[1]。“社会主义国家在财政的分配关系上也具有特点”[1]，其对国民收入的分配和再分配，首先表现在国有经济纯收入的直接分配，以周转税、利润提成、社会保险工资附加、地方税收等形式；其次表现为对工业生产合作社纯收入与对集体农庄公共经济收入的分配上，以周转税、所得税等形式；最后表现为居民缴纳的税收以及居民自愿认购的公债等形式。换句话说，财政对国民收入的分配，首先表现在国家对社会主义性质企业内部积累的直接分配上，如国有经济利润的上缴，高级形式国家资本主义经济的一部分利润上缴，以及供销合作社提缴给国家的一部分积累；其次表现在对社会主义性质的经济，非社会主义性质的经济和对居民征收的各种工商业税（商品流通税、货物税、营业税、所得税等）、农业税、地方税等方面；最后，表现在对社会主义性质企业和组织的劳动保险加成、财产保险费以及对居民的人身保险费和公社合营企业、私人资本主义企业与各阶层居民自愿认购公债等形式上[1]。

（六）社会主义国家财政是满足社会的共同需要

因为社会主义国家在财政的分配关系上具有的“特点是在生产资料社会主义公有制的条件下，社会主义国家直接参加社会主义企业与组织的纯收入和企业与组织非集中的纯收入，并按照国民经济计划和财政计划，用于扩大社会主义再生产，满足整个社会的共同需要”[1]。

（七）在社会主义经济内部，两种属性的分配关系是统一而和谐的

因为“社会主义经济的分配关系和财政的分配关系，在生产资料社会主义公有制的条件下，在特种商品生产和货币经济存在的条件下，两者完全是统一的、和谐的”[1]。

（八）财政属性的分配关系的分配依据是国家权力

许廷星在谈到奴隶制和封建制国家财政的分配关系时，强调财政的分配关系就是“属于国家权力所发生的分配关系”，是“国家

从国家权力所发生的财政的分配关系”[1]。

（九）两种属性的分配关系的主体：财政的分配关系是以国家为主体

“为了易于明确问题起见，我们把分配关系区分为社会经济的分配关系和国家职能所发生的分配关系（也就是指财政的分配关系）。一般经济的分配关系是以生产资料所有者为主体，财政的分配关系是以国家为主体。”[1]“如果没有国家存在，也就没有国家职能所发生的分配关系存在，也就是没有财政的分配关系存在。”[1]

（十）财政同国家职能的联系的必要

财政属于再生产中同国家联系在一起的分配关系。因为“如果财政的概念不同国家的职能相联系，或者把财政理解为就是社会物质资料的分配，则一切分配关系都将归宿于财政的范畴，……并且从社会历史发展诸阶段的情况来看，一般经济的分配也就成了财政的分配，一般经济的分配关系也就成了财政的分配关系，这种看法是值得研究的”[1]。前已述及，“财政是国家（着重点是引者加注）对社会的物质资料的分配。”“财政之所以必须同国家职能联系起来理解，因为随社会生产关系的转移，随生产资料所有制的不同，随国家的性质不同及其职能的不同，财政的内容也有所不同，财政的分配关系也有广狭的不同。”[1]

（十一）区分两种分配关系的必要

“我们从分配关系中区分出财政的分配关系，并明确划分一般经济分配关系的主体是生产资料所有者，而财政分配关系的主体是国家，对于明确马克思列宁主义财政学的研究对象有很大帮助。”[1]

（十二）对货币关系的批判

针对A. M. 亚历山大洛夫著《苏联财政》上册绪言中曾有“国家财政是属于货币关系范围内的，在货币关系外是不存在财政的”，许廷星明确指出：“人们往往把货币关系认为是财政，同样也会使人误解一切货币关系都是财政，这样单纯从货币关系来判断是否属于财政，必至漫无边际，把财政的范围推广到无所不包了”[1]。“有些同志因为硬抬货币关系的学说，把社会诸生产关系中所表现的各种货币关系都视为财政，这就把财政的范围推广到无所不包了。”[1]

三、《关于财政学的对象问题》的现实意义与启示

（一）在当代中国财政学发展中的地位

1949年以前，中国的财政学基本上秉承英美财政学体系，不管是编译的文献，如黄可权所编《财政学》（1907年出版），张锡之、晏才杰等译的《比较财政学》（1909年出版），陈启修（即陈豹隐）翻译的《财政学提要》（1914年出版），还是自撰的一些财政学著作，如陈启修的《财政学总论》（商务印书馆，1924）、胡善恒的《赋税论》（商务印书馆，1934）、尹文敬的《财政学》（商务印书馆，1935）以及何廉、李锐合著的《财政学》（商务印书馆，1935）等均如此。新中国成立以后，我国的财政学界才开始独立探索建立自己的财政学理论体系。20世纪50年代中期经济建设的巨大成就和后期“大跃进”的失败，为我国财政基础理论的研究提供了正反两方面的实践经验，出现了一个财政理论探讨的活跃时期，产生了许多流派。

新中国成立初期，由于当时特殊的政治经济形势，在我国财政

理论研究中占统治地位的主要还是从苏联引进的“货币关系论”以及在此基础上形成的一些流派，如“价值分配论”和“国家资金运动论”等。

20 世纪 50 年代末 60 年代初，在中国财政理论界对“货币关系论”的批评过程中，“国家分配论”逐渐占据主流地位。许廷星教授于 1957 年出版的《关于财政学的对象问题》专著第一次比较系统地提出并论述了“国家分配论”的基本内容[3]，“许廷星于 1957 年在国内首次提出了‘国家分配论’或‘国家分配关系论’”[4]。尔后，学术界在 60 年代奠定了“国家分配论”在中国财政学的主流地位。总之，许廷星的《关于财政学的对象问题》在中国当代财政学的发展史上，有着重要的开创意义。

至于“国家分配论”产生的背景是不是计划经济，前已述及，“国家分配论”是在与“货币关系论”的论战中产生的。显然，学术界有同志认定，“国家分配论”是计划经济的产物这一结论，是有失偏颇的。

（二）“国家分配论”同样强调“满足社会共同需要”

应当说，许廷星教授在其专著中涉及的内容丰富，如“财政的分配关系以国家为主体”“满足整个社会的共同需要”等，他没有拘泥于只言片语，也不停留在“国家”“分配”等基本要素的表面，而是系统论述了“国家分配论”的主要内容，在今天仍然有着重要的理论价值和现实意义。

仅就“满足整个社会的共同需要”而言。改革开放后，尤其是建立社会主义市场经济体制的过程中，美英等国的财政理论得到引进和吸收，出现了对“国家分配论”的一系列争论，形成了一些新的理论流派。如“社会共同需要论”认为财政“是由于人类社会生产的发展，出现了剩余产品和剩余劳动之后，发生了社会共同需要而产生的。它的实质是人们为了满足共同需要而对社会剩余产品进行分配所发生的分配关系”[5]。

20世纪90年代以后，我国财政学界开始注重对源于西方的“公共财政论”的认识与辨析，一度引起许多关于所谓“国家分配论”与“公共财政论”的理论争论。而“公共财政论”的核心是“为满足社会公共需要”。许廷星教授在50年前就明确指出，社会主义国家财政“满足整个社会的共同需要”，所以“国家分配论”同样包括“满足整个社会的共同需要”这一重要内容。我们认为，“国家分配论”所涉及的关系链为：国家或政府的职能——社会公共需要——财政的职能……“共同需要论”和“公共财政论”在国家存在的前提下的关系链是：社会公共需要——国家或政府的职能——财政的职能……那么，问题的症结之处在于国家职能和社会公共需要的关系。就国家职能而言，“横看成岭侧成峰”，其既可分为政治职能和经济职能，也可分为阶级性方面的职能（对外进行战争或防御、对内维护统治阶级的统治等）和社会性方面的职能（提供公共福利、优化资源配置、公平收入分配、稳定经济并有适度的经济增长等）。再就社会公共需要来看，社会的即公共的，社会的职能亦即社会公共需要的职能，在传统财政学描述的实现国家政治、经济职能中，是包含着社会公共需要的，只不过公共需要在不同的历史发展阶段（如资本主义发展初期和当代资本主义时期、我国计划经济时期和市场经济阶段等），其内容、范围、方式有所差异，并反映着不同的生产关系。准此以观，前述关系链可为：国家或政府的职能——社会公共需要的职能——财政的职能……随着理论研究的不断深化，学界越来越倾向于“国家分配论”和“公共财政论”不是直接对立而是相互兼容的关系。事实上，“只有在市场经济条件下，财政的公共性才真正取得独立、成熟、规范、完全的存在形式——公共财政，亦即市场经济财政”[6]。当然，在争论过程中，不仅关于以市场经济为背景的“公共财政论”的认识得到清晰化和具体化，而且对“国家分配论”的认识也得到了深化。总之，“满足社会共同需要”同样是“国家分配论”的重要内容，并非“共同需要论”和“公共财政论”的专利。

参考文献：

［1］许廷星．关于财政学的对象问题［M］．重庆：重庆人民出版社，1957.

［2］许廷星，谭本源，刘邦驰．财政学原论［M］．重庆：重庆大学出版社，1986.

［3］王国清．财政基础理论研究［M］．北京：中国财政经济出版社，2006.

［4］贾康，李全．财政理论发展识踪——结合“公共财政”的点评［J］．财政研究，2005（8）.

［5］何振一．财政起源刍议［J］．财贸经济，1982（3）.

［6］王国清．公共财政：财政的公共性及其发展［J］．经济学家，1999（6）.

略论《关于财政学的对象问题》 的贡献与发展[①]

马　骁

纪念许廷星教授《关于财政学的对象问题》公开出版50周年是为了向许廷星教授致敬，向财政学前辈们致敬，弘扬优秀学术传统，促进财政理论研究与人才培养的不断创新。

一、《关于财政学的对象问题》是“国家分配论”的奠基文献

许廷星教授的《关于财政学的对象问题》之所以是“国家分配论”的奠基文献，核心依据是“于1957年在国内首次明确提出了‘国家分配论’或称‘国家分配关系论’”[②]。具体地讲，《关于财政学的对象问题》对“国家分配论”的卓越贡献主要表现为：第一，

① 本文中未注明出处的引文均参见许廷星著《关于财政学的对象问题》，重庆人民出版社，1957年出版。

② 贾康，李全. 财政理论发展识踪——结合公共财政的点评［J］. 财政研究，2005（8）.

首次明确了财政学的研究对象是“是以国家为主体”的财政分配关系。他指出：“财政学的研究对象”是“反映经济关系的货币关系”的观点。首先从货币关系立论，解决了这一社会形态的财政问题，但又不能解决另一社会形态的财政问题；其次由于“反映经济关系的货币关系”包括了生产、分配、交换和消费方面的货币关系，因此把货币关系认为是财政，就会使人误解一切货币关系都是财政，财政将会“漫无边际，无所不包”；最后从货币关系立论不仅使财政与经济没有区别，而且也把财政学的研究对象扩大到包括了经济，最终将会使财政学的研究对象与政治经济学的研究对象在某些方面混淆起来。他认为，财政学属于经济学的范畴，但与经济学相区别，即“‘政治经济学是关于人们的社会生产关系即经济关系的发展的科学。’政治经济学‘研究人类社会各个发展阶段上社会的物质资料生产和分配的规律’。财政学则是生产诸关系中有关分配关系发展的科学，它研究人类社会各个发展阶段上国家对社会产品或对国民收入分配及再分配的规律。”强调“属于经济方面的分配关系是政治经济学研究的范围，属于国家在财政方面的分配关系，则是财政学研究的范围。”同时他认为财政学还是属于历史范畴的科学，是运用辩证唯物主义的方法来研究人类社会各个发展阶段有关国家职能所发生的分配关系的发生、发展及其消亡的科学，因此，“财政学的对象是国家关于社会产品或国民收入分配与再分配过程中的分配关系，简单地说，也就是人类社会各个发展阶段中国家对社会的物质资料的分配关系。”明确财政学研究对象、合理划分财政学与政治经济学的研究范围有利于新中国财政学的建立与发展。第二，首次历史辩证地分析了财政的产生与发展，明确提出财政的产生、存在与发展同国家及国家职能的产生、存在与发展密不可分。他认为："财政是国家对社会的物质资料的分配。……这种分配在不同的条件下，或者表现为实物形态，或表现为货币形态，但在各种表现形态的后面，实质上都是属于社会的物质资料的一种分配。"尤其是"从人类社会的发展历史说，自从人类社会出现了阶级和国家，也就出现了财政。阶级和国家不存在，财政也就随之而不存在"。一句话"自从人类社会有了阶级存在，有了国家存在，也就有财政存在。相反的，没有阶级存在，没有国家存在，也就没有财政存在。在原始公社时期是如此，在将来共产主义时期也是如此。"这些精辟的论述与见解是目前国内文献中有关"国家分配论"的核心内容——财政与国家、国家职能相互关系的首次系统论述。第三，首次系统分析了人类社会中客观存在的经济属性分配关系和财政属性分配关系的联系与区别，首次提出了财政分配关系是以国家为主体的、从国家职能所发生的分配关系的论断。他说："财政所表现的分配关系与一般经济所表现的分配关系不完全相同，而是一般经济分配关系中属于国家职能所发生的分配关系。"具体地讲，"财政所表现的分配关系其所以与一般经济所表现的分配关系不完全相同，因为经济的分配关系是从生产资料所有制发生的分配关系，而财政的分配关系则是从国家职能所发生的分配关系。前者表现在经济的领域，后者既表现在经济的领域，同时也表现在非经济的领域。但两者相同的地方，是在同一的社会生产关系决定下，都是属于社会产品或国民收入的分配或再分配。正因为经济的分配关系，在一定条件下并不同于财政的分配关系，所以原始公社时期及将来共产主义时期，只有一般经济的分配关系而无财政的分配关系。”总而言之，“一般经济的分配关系是以生产资料所有者为主体，财政的分配关系是以国家为主体。”同时，“随社会生产关系的转移，随生产资料所有制的不同，随国家的性质不同及其职能的不同，财政的内容也有所不同，财政的分配关系也有广狭的不同。”在历史辩证地分析了从奴隶社会到资本主义社会的“经济的分配关系”与“财政的分配关系”的表现形式后，深入分析了我国社会主义条件下“经济的分配关系”与“财政的分配关系”的表现形式，首次科学、系统地阐明了社会主义条件下两种属性分配关系的相互关系“完全是统一的、和谐的”。二者之所以统一、和谐在于：一是“在生产资料社会主义公有制下，劳动人民生产出来的社会产品，一部分是根据按劳取酬的原则分配给自己所有，另一部分是分配给社会公有用以满足全体劳动人民的共同需要，局部利益和整体利益，个人利益和国家利益是统一的，不可分割的”；二是“在特种商品生产和货币经济存在的条件下，价值规律还起着一定影响”。关于“财政的分配关系是以国家为主体”和有关人类社会分配关系中“两种属性分配关系”的论断是许廷星教授的财政本质论区别于其他流派的独特方面，是自己的“国家分配论”的核心内容；许廷星教授关于社会主义条件下财政的显著特点是“满足整个社会的共同需要”的论断充分展示了他对社会主义本质和社会主义财政根本目标的深刻认识和精准把握，从而使他的“国家分配论”观点具有极大的发展空间。第四，正确地论述了财政与社会再生产的相互关系，明确了新中国财政学的研究任务与目标导向。他指出：“一定社会形态的国家的性质，是决定于一定社会形态的生产关系的，于是从属于国家职能的财政也必然是决定于一定的社会形态的生产关系的。”“一定的社会生产关系，决定同它相适应的一定的分配关系，而分配关系是与生产、交换、消费相互联系而又受生产积极影响的。财政是属于分配关系之一，因而财政与生产、分配、交换和消费是相互联系而又相互影响的。……即经济决定财政，而财政也积极影响经济。”他坚信财政学的任务“不单纯是研究一些财政收支实务，而是在于研究财政分配关系以及如何利用财政分配关系来组织国民收入的分配与再分配，更有效的从社会主义经济内部增加积累，扩大社会主义的再生产，增加国民经济财富，最大限度满足人民物质和文化生活的需要。”强调“财政学要分析研究社会历史发展诸阶段中各种社会形态的财政制度、财政的本质、财政对社会经济的影响与作用”。

综上所述，《关于财政学的对象问题》是“国家分配论”的奠基文献，许廷星教授因在国内第一次提出并系统地论述了“国家分配论”的全部核心内容而“成为国家分配论的奠基者”①。

二、对《关于财政学的对象问题》的完善与发展

众所周知，“国家分配论”的核心内容是统一的，但表达形式是多样的。本文仅仅对许廷星教授在《关于财政学的对象问题》中所提出的“国家分配论”和“两种属性分配关系”理论的自我完善与发展作些简要的梳理。

（一）许廷星教授对《关于财政学的对象问题》的发展与完善

1986年，许廷星、谭本源、刘邦驰教授合作出版了《财政学

① 张馨，杨志勇，郝联峰，等. 当代财政与财政学主流［M］. 大连：东北财经大学出版社，2000：325.

原论》。该书从中国经济改革、财政体制改革的伟大实践中吸取营养，深入系统地梳理了中国财政理论发展脉络，进一步完善了自己关于“国家分配论”和“两种属性分配关系”的理论表述。具体表现为：第一，完善了关于财政产生条件的表述。“财政的产生有两个条件，一个是社会经济条件，另一个是政治条件，即国家存在的条件。社会经济是财政存在的首要条件。……国家的出现、国家职能的活动，是财政存在的必要条件。”① 第二，规范了“两种属性分配关系”理论的表述。认为在“社会再生产运动中，存在两种分配形式：一种是以生产资料所有者为主体形成的经济方面的分配；一种是以国家为主体形成的财政方面的分配。财政分配是随着历史的发展，从经济分配中分离出来，逐渐形成与经济分配相对独立的部分。”②“经济分配是以生产资料所有者为主体，凭借生产资料的所有权，对生产的社会产品和国民收入进行分配。财政分配则是以国家为主体，凭借国家主权，对社会经济生产的社会产品和国民收入，参与分配其一部分。”③ 第三，区分了财政一般本质和社会主义财政特殊本质。认为财政一般本质是以国家为主体参与社会产品和国民收入的分配所产生的分配关系；社会主义财政特殊本质决定于社会主义公有制经济的生产关系。

许廷星教授认为，在社会主义市场经济条件下，“具有中国特

---

① 许廷星，谭本源，刘邦驰. 财政学原论［M］. 重庆：重庆大学出版社，1986.

② 许廷星，谭本源，刘邦驰. 财政学原论［M］. 重庆：重庆大学出版社，1986.

③ 许廷星，谭本源，刘邦驰. 财政学原论［M］. 重庆：重庆大学出版社，1986.

色的我国财政收入支出，则包括财政属性分配的收支和经济属性分配的收支，并包括这两种属性分配的单式预算或复式预算”[①]，强调“对国有资产经费预算的建立与有关问题的研究，就是对经济属性分配计划的研究与编制”“公共预算的编制与有关问题的研究，即对财政属性分配计划的研究与编制。”[②] 更加明确地说：“赋税是国家主权对土地（含地下及地上资源）的所有权通过地租在经济上的体现，而经济的投资收益，则是投资者所有权在经济上的体现。就当前国有企业上交的税收与利润来看，一是国家主权在经济上的体现，一是国家投资者所有权在经济上的体现。”[③] 这些论述被中国财政体制改革、国有资产管理改革证明是有预见性的科学论断。

（二）郭复初教授对“国家分配论”和“两种属性分配关系”理论的发展

郭复初教授立足于许廷星教授“两种属性分配关系”理论和传统“国家分配论”提出，既然以国家为主体的财政属性分配是财政，那么以国家为主体的经济属性分配就应当是国家财务的“国家财务论”。国家财务概念是郭复初教授在1986年南昌关于企业财务理论与财务学科问题讨论会上首次提出的，并被写入会议纪要。他随后指出：“国家财务活动，是国家以生产资料所有者身份，为实现组织经济活动的职能，对企业或部门的一部分资金或创造的国民收入分配与再分配的经济活动，以满足经济发展的物质需要。”[④] 并

---

① 许廷星. 对当前财政理论问题的若干探讨 [J]. 财经科学，1995 (1).
② 许廷星. 对当前财政理论问题的若干探讨 [J]. 财经科学，1995 (1).
③ 许廷星. 论财政及财务关系的改革 [J]. 财政研究，1994 (4).
④ 郭复初. 社会主义财务的三个层次 [J]. 财经科学，1988 (3).

强调国家财务的内容包括国有资产管理部门获取资产收益进行再投资，对国有资产使用效益的财务监督、考核与调控等内容。郭复初教授后来又在两篇论文中对国家财务理论提出的历史背景、理论依据、管理体系、国家财务与财政统管论的根本分歧等问题进行了深入论述，并公开出版了《国家财务论》，系统构建了国家财务理论架构。诚如王国清教授所言，在1991年之前，“国家财务论”脱胎于两种属性分配关系和“国家分配论”，是沿着分配角度加以研究的；在1991年之后则突破了从分配角度研究的框架，提出了本金与基金新范畴及其分流运行的创新基础，进一步发展了“国家财务论”[①]。“国家财务论”丰富了“两种属性分配关系”理论的内涵与外延。

（三）王国清教授对“两种属性分配关系”理论和“国家分配论”的发展与完善

王国清教授在研究许廷星教授的“两种属性分配关系”理论后认为，财政是国家为了实现其职能的需要，凭借政治权力及财产权利，参与一部分社会产品或国民收入分配和再分配，或分配所进行的一系列经济活动，包括组织收支、调节控制活动和监督管理活动等。[②] 在他看来，首先，财政表现为一种分配活动。一般的财政分配即一般的财政属性的分配包括政治权力属性的分配和财产权利属性的分配。[③] 在社会主义条件下，因国家是建立在生产资料公有制

① 王国清. 财政基础理论研究［M］. 北京：中国财政经济出版社，2005.

② 王国清，程谦. 财政学［M］. 成都：西南财经大学出版社，2000.

③ 刘邦驰，汪叔九. 财政学［M］. 成都：西南财经大学出版社，1995.

基础上的新型国家，故既有国家的一般性——作为主权者或社会管理者，凭借政治权力，以税收的形式参与包括国有经济在内的各种经济成分和资本形式的收入分配，并作相应的再分配；又有国家的特殊性——作为生产资料的所有者或出资者，凭借财产权利，以上缴国有资产收益的形式参与国有经济及相关资本形式的利润分配，并作相应的再分配。所以，财政分配一般包括政治权力属性的分配和财产权利属性的分配。这两种属性的分配有其相对独立的收支体系，应分类管理，并编制相应的预算。他强调，从一般的角度研究，只能提出财政包括两种属性的分配；如从特殊的角度分析，财政尚应包括行政管理权力属性的分配和信用权力属性的分配。[1] 其次，财政分配活动实质是国家特殊的经济活动。他认为，就分配论分配是狭隘的，把财政定义为国家（或政府）进行的经济活动则又失之过宽，但通过财政确实要发生资源配置、收入分配、经济稳定和增长等经济活动，所以财政是参与一部分社会产品或国民收入分配和再分配所进行的一系列经济活动。换句话说，财政分配不是简单地等同于财政收支，而是国家特殊的经济活动。[2] 最后，财政本来是公共的，其公共性是发展的，公共财政是国家财政在市场经济条件下的一种模式。第一，公共财政的理财主体是国家，具体包括各级政府及其理财专职机关，理财主体具有层级性。第二，公共财政活动的目的是实现国家职能，而国家职能既可分为政治职能和经济职能，也可分为阶级性方面的职能和社会性方面的职能；再就社会公

① 王国清. 财政基础理论研究［M］. 中国财政经济出版社，2005.

② 王国清. 财政基础理论研究［M］. 北京：中国财政经济出版社，2005；王国清，程谦. 财政学［M］. 成都：西南财经大学出版社，2000.

共需要来看，社会的即公共的，社会的职能即社会公共需要的职能。第三，公共财政活动根据是凭借国家的政治权力、财产权利、行政管理权力和信用权力。第四，公共财政参与“分配”是过程而不是结果。第五，公共财政活动结果是一系列经济活动，包括组织收支活动、调节控制活动和监督管理活动等。[①] 这些精辟论述在继承传统的同时，又与时俱进地发展了许廷星教授的论断，尤其是关于公共财政的分析丰富整合了“国家分配论”与“公共财政论”的理论基础，有利于中国财政学从分化走向综合。

（四）李松森博士等对“两种属性分配关系”理论的发展与完善

1993—1997 年，许廷星教授的博士生对许廷星教授“两种属性分配关系”理论进行了深入的学习和研究，认为这种划分具有科学性，但其表述和对财政实践的解释力有提高的空间。比如：有学生对整合“国家分配论”与“交换说”进行了尝试。[②] 李松森博士认为：“财政分配是以国家为主体进行的分配，由于分配的依据不同，它包括两种属性的分配，即以国家为主体的财政属性分配和以国家为主体的经济属性的分配。”“财政属性的分配依据国家主权，即土地国家所有权，分配的客体是剩余产品价值的一部分，分配的范围是主权所辖的范围，分配的形式是税收，分配的实质性目的是维护各该社会的生产关系，分配的一般性目的是满足社会共同需要，分配的直接目的是满足国家履行政治职能和社会职能的需要。

① 王国清. 财政基础理论研究［M］. 北京：中国财政经济出版社，2005.

② 马骁. 财政制度研究［M］. 成都：四川人民出版社，1997.

以国家为主体的经济属性的分配依据国家资本所有权，即生产资料国家所有权，分配的客体是国家所有的生产资料价值和一部分剩余产品价值——或称一部分社会产品和国民收入，分配的范围是生产资料发挥作用的范围，分配的形式主要是折旧基金和利润（其中折旧基金是国家资本的回流形式，而利润则是国家投资的收益形式），分配的目的是满足国家履行经济建设职能的需要。”[①] 李松森博士等人的探索也是丰富和发展许廷星教授的“国家分配论”和“两种属性分配关系”理论的一种努力，并得到了许廷星教授和一些前辈学者的肯定。

三、结语

《关于财政学的对象问题》虽然发表在50年以前，并打下了时代烙印，但在建设中国特色、中国气派、中国风格的财政学的今天仍具有积极的现实意义。其中最重要的有两个：一个是昭示我们在建设中国特色、中国气派、中国风格的财政学的过程中，一定要立足于中国的财政经济实践、中国的社会主义民主政治建设实践和中国行政体制改革实践，努力探索中国财政的客观规律；对西方财政理论不能简单地采取“拿来主义”，不能盲从，一定要批判地吸取营养。一个是《关于财政学的对象问题》提出的社会主义财政是“满足整个社会的共同需要”的论断，不仅表明“满足社会共同需要”是“国家分配论”的核心内容之一，而且表明“国家分配论”

① 李松森. 两种属性分配理论与财政政策研究［M］. 北京：中国财政经济出版社，1997.

与“公共财政论”之间“不是直接对立的关系，而是兼容的、甚至是相辅相成的关系”①。这为整合“国家分配论”和“公共财政论”，推动中国财政研究的综合化提供了理论基础。

作者单位：西南财经大学

① 贾康，李全. 财政理论发展识踪——结合公共财政的点评［J］. 财政研究，2005（8）.

“国家分配论”与“公共财政论”：比较研究与宪政思考

武振荣[①]

【内容摘要】本文认为，“国家分配论”与“公共财政论”在研究范式、理论分析一般框架和分析路径等方面的视角有所不同。但从两者共同研究的逻辑前提——公共权力与征税权，在本质上具有同一性，因而两者又是相辅相成的，是现代财政分配理论研究中的两个层次。由此可以牵引“国家分配论”的嬗变及与“公共财政论”的对接，从而建立与中国社会主义市场经济体制相适应的公共财政基本框架。

【关键词】国家分配论　公共财政论　比较　宪政思考

新中国成立初期，中国先是引入了苏联的财政学理论，到 20

---

① 武振荣（1953—），男，西南财经大学财政税务学院副教授，经济学硕士，硕士生导师，主要研究方向：财税理论、国债投资。

世纪50年代中期以后，结合中国的具体国情，许廷星教授在1957年出版的《关于财政学的对象问题》的专著中，首创了著名的“国家分配论”①，对财政的基本定义为国家财政，并成为中国财政学研究的主流学派。直到20世纪90年代，中国提出了要建立与社会主义市场经济体制相适应的公共财政基本框架。国内学者结合中国经济体制转轨的实践，有从建立中国市场经济体制的视角来研究公共财政的，虽然对公共财政的表述并不完全一致，但大多认同公共财政即市场经济财政；也有从民主与法制的视角来研究公共财政的，指出公共财政是民主财政，是法治财政。为了研究问题方便，凡此种种，在本文中统称“公共财政论”。

笔者认为，虽然“国家分配论”与“公共财政论”在研究范式、理论分析一般框架和分析路径等方面的视角有所不同，但是，“国家分配论”与“公共财政论”却是相辅相成的，是现代财政分配理论研究范式和分析路径的两个层次，从理念上确认并深入研究这两个层次，对在中国社会主义市场经济背景下“国家分配论”的嬗变及与“公共财政论”的对接，从而建立与社会主义市场经济体制相适应的公共财政基本框架，都有着不可替代的理论意义与现实意义。

一、“国家分配论”：理论分析一般框架与逻辑推演

许廷星教授首创的“国家分配论”的学术思想，是把马克思主

① 许廷星．关于财政学的对象问题［M］．重庆：重庆人民出版社，1957.

义理论与中国实践相结合的一次理论创举，它对中国的财政学的建设与发展产生了巨大的影响。而在1986年出版的《财政学原论》[①]进一步发展和丰富了“国家分配论”。其理论分析一般框架与逻辑推演如下：

（一）以两种属性的分配为理论分析路径

“国家分配论”以社会经济活动的存在为起点，并从生产、交换、分配与消费活动的存在来动态地分析财政分配问题：财政分配运动，既是再生产运动的一部分，又是一种经济属性的分配，同时是与国家联系在一起的再生产运动，因此，它是一种财政属性的分配。

就经济学意义上的分配范畴而言，无论是经济属性的分配还是财政属性的分配，都必然依据一定的权力。关于这个问题，马克思曾有一个著名的论断，“在我们面前有两种权力：一种是财产权利，也就是所有者的权力，另一种是政治权力，即国家的权力”[②]。就财产权利来说，不言而喻，谁拥有财产，谁就拥有财产权利，并行使所有者的权力。而国家的权力就是国家作为主权所有者的公共权力。公共权力是国家财政中的核心要素之一，在现代社会，国家是公共权力的拥有者和行使者。“国家分配论”从分析财政产生的经济条件和政治条件出发，揭示了公共权力产生的历史背景：在原始公社后期，由于生产力水平的提高，出现了剩余产品，从而具备了

① 许廷星，谭本源，刘邦驰．财政学原论［M］．重庆：重庆人民出版社，1986.

② 马克思，恩格斯．马克思恩格斯选集：第1卷［M］．北京：人民出版社，1972：170.

财政产生的经济条件；与此同时，也出现了私有制，社会划分为阶级，阶级对立加剧的结果是国家的产生，从而具备了财政产生的政治条件，公共权力应运而生，并由国家独占。从公共权力生成机制来看，公共权力是随着国家的产生而与生俱来的自然垄断权力，从一开始就被打上了国家的印记。正因为如此，恩格斯曾把公共权力与征税权并列，看成是国家凌驾于社会之上相互联系的两个因素，即国家靠征税权取得赖以存在的物质基础，"为了维持这种公共权力，就需要公民缴纳费用——捐税"①。而征税权又是以公共权力的存在为前提。因此，两种属性的分配既是对马克思主义经典作家关于"两种权力"的思想在"国家分配论"中的具体运用，又从历史唯物主义和辩证唯物主义的视野加以逻辑推演，形成了坚实的理论基础。

（二）以国家所有制为前提

"国家分配论"从分析国家的存在与财政的关系，从而从逻辑上表明，以国家为主体对部分社会产品和国民收入的分配与再分配，是基于国家既是土地所有者又是土地的主权所有者，即国家所有制。"国家作为土地所有者，它就以地租形式参与社会产品和国民收入的分配；国家作为主权者，它就以赋税形式参与社会产品和国民收入的分配"②。在这里，地租是国家作为土地所有者的经济收入，赋税是国家作为主权者的财政收入。因此，代表国家行使分配

---

① 马克思，恩格斯. 马克思恩格斯选集：第 4 卷 [M]. 北京：人民出版社，1972：167.

② 许廷星，谭本源，刘邦驰. 财政学原论 [M]. 重庆：重庆大学出版社，1986：38.

职能的财政分配就是以国家为主体的分配。关于国家所有制与国家征税权的关系，恩格斯曾有一段精辟的论述“一切国家征税的权利都是从所谓国家所有制来的。的确，或者是私有制神圣不可侵犯，这样就没有什么国家所有制，而国家也就无权征税；或者是国家有这种权力，这样私有制就不是神圣不可侵犯的，国家所有制就高于私有制，而国家也就成了真正的主人”①。可见，马克思主义经典作家既从国家所有制本位的视角强调了征税权的国家主体性，也从国家征税权的所有制视角论述了国家所有制与私有制的关系，明确指出国家的征税权是对私有制的一种侵犯。当然，这种所谓的“侵犯”，应该是有度的——在宪法和税收法律的框架内。

“国家分配论”的理论分析一般框架与逻辑推演，可用图1表示。

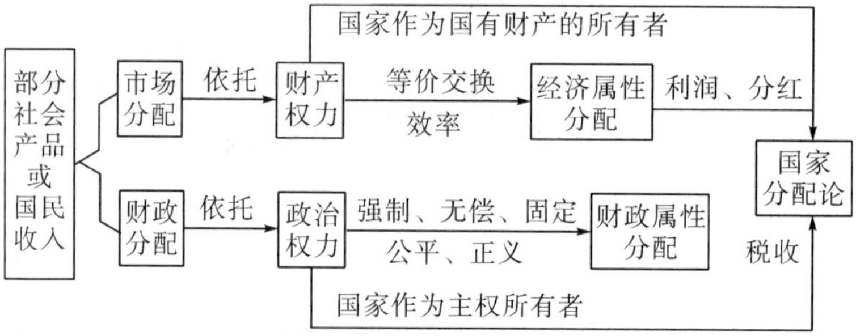

图1 “国家分配论”的理论分析一般框架与逻辑推演

通过图1可以发现，“国家分配论”的理论分析一般框架与逻辑推演主要是以广义经济学为主的分析路径展开的，并从政制与法

① 马克思，恩格斯. 马克思恩格斯全集：第2卷［M］. 北京：人民出版社，1957：615.

制的视角给出了阐释。正如许廷星教授特别强调指出的：“国家行使主权参与整个社会产品和国民收入的分配与再分配，是通过代表国家主权的各种税法来行使国家主权的职能的。如果认为这是国家行使上层建筑政治权力强制的征收，这是现象上的认识。从本质上来说，这是依据国家主权所有在法制上的表现，是以国家主权所有为基础形成的财政属性的分配关系”[①]。显然，在这里，许廷星教授关于“国家分配论”的学术思想与马克思主义经典作家从国家权力本位的视角强调了在国家所有制的规则下公共权力的实现的路径是征税权是一脉相传的。

二、市场经济条件下财政分配中不同行为主体的法律关系与宪政分析框架

市场经济是法治经济甚至是宪法经济。因此，有必要对市场经济条件下财政分配中不同行为主体——政府与纳税人和公民的法律关系进行更深层次的分析。

从法律关系来分析，有两种对称关系需要进行解析：一是静态对称关系。权利与义务是两个法律主体之间的一种静态对称关系，权利意味着对称关系中的一方可以预期或保证对方对本方采取某种方式的行动，而义务是指对方对本方必须采取某种方式的行动。二是动态对称关系。权力与责任是两个法律主体之间的一种动态的对称关系，权力是指对称关系中的一方可以自主地创制一个影响对方

① 许廷星，谭本源，刘邦驰．财政学论［M］．重庆：重庆大学出版社，1986：39．

的新的法律关系，而责任则是指对方受这种新的法律关系支配。如果说静态对称关系中的权利与义务可以通过宪法和法律加以规定，那么，动态对称关系中的权力与责任就必须通过一套制度（包括规则、程序和组织）来加以规范和约束，因为作为一种动态对称关系，受到不确定因素影响的面更广。

（一）政府作为双重主体的权力（权利）与责任（义务）及实现

在现代社会，政府（或国家）是个双重主体：既是一个经济主体，也是一个公共主体。作为经济主体，政府与企业、个人等经济主体在法律上处于平等地位，拥有相应的权利与义务，它维护的是政府自身的公共产权（刘尚希，2003）①。作为公共主体，政府拥有和行使公共权力。由于在财政分配运动中，公共权力与征税权有着密切的关系，而征税权涉及征税人与纳税人和公民的权利与义务。因此，进一步对财政分配中不同行为主体的两种对称法律关系分析如下：

从静态关系分析，把政府作为一个经济主体并人格化——就是全民所有的代理人。全民所有的代理人的权利由所谓“国家所有制”并经过宪法规定，如中国的宪法第九条规定：矿藏、水流、森林、山岭、草原、荒地、滩涂等自然资源，都属于国家所有，即全民所有；由法律规定属于集体所有的森林和山岭、草原、荒地、滩涂除外。为了说明权利与义务静态关系，我们可以以全民所有的代理人与国有企业为例来分析。全民所有的代理人可以预期或保证国有企业经营管理者能使国有资产保值和增值，同时，国有企业必须

---

① 刘尚希. 财政风险：一个分析框架 [J]. 经济研究，2003 (5).

履行其上缴利润或者分红的义务；相应地，国有企业可以预期或保证全民所有的代理人应将国有资产（资源）的使用权和经营权赋予国有企业经营管理者，同时必须向其注入与生产经营所必需的资本。这实际上也就是通过经济属性的分配，政府运用财政分配工具参与一部分社会产品和国民收入的分配与再分配。

从动态关系来看，把政府作为公共主体并人格化——就是征税人。从权力与责任动态的对称关系来分析，纳税人和公民在把自身权力的一部分转移或让渡给作为公共主体的政府并形成政府公共权力的同时，也把相应的责任转移给了政府，并自主地创制了一个影响政府的新的法律关系。在宪政制度下，这个新的法律关系是通过立宪选择而形成和表现出来的：一是从立宪层面分析，公共权力是一种政治权力，是民主政治制度下公共选择结果的集中体现，表现为抽象的公共权力。在这个层面上，公共权力也由与生俱来的自然垄断权力升华为宪法性权力，并从法权的基础规定了政府公共权力在经济上实现的路径——征税权，与公共权力相均衡的是政府要承担相应的法定责任。二是从行政层面分析，公共权力是一种行政权力，是政府管理社会的必要条件，表现为具体的公共权力。在这个层面上，政府得到了公共权力的授权，成为实行强制的代理人，并在宪法和法律的框架内拥有和行使公共权力，这样，立宪层面的抽象公共权力细化成了执行层面上政府的现实公共权力。应强调指出的是，政府行政权力不断扩大已经是不争的现实，这意味着拥有公共权力的政府也可以不断自主地创制出影响纳税人和公民的新的法律关系，因此，宪法约束至关重要。政府及其组成机关只能在宪法和法律的框架内行使公共权力，并通过受宪法和法律约束的公共财政的收支活动，在经济上公平、正义地实现公共权力。可见，政府的活动范围和方向应该是有界限的，宪法可以约束政治实体的活动[①]。

（二）纳税人和公民的义务与权利及实现

在宪政制度下，依据“权利—义务”与“权力—责任”框架，纳税人和公民的义务是宪法规定的依法纳税的义务；纳税人和公民的权利包括应有权利、宪法性权利和现实权利。纳税人和公民的应有权利主要表现为财产权、税款使用的知情权与监督权、公共产品受益保障权等。在立宪层面，纳税人和公民的权利从应有权利升华成为宪法性权利，并成为公共财政制度框架的重要组成部分；在经济社会的运行过程中，随着整个社会的有效公共需要得到满足和公共利益目标的实现，公民和纳税人的共益权和现实权利也从总体上相应得到实现。与之相适应，被授予征税权的政府要承担相应的法定责任，合理、高效地运用支出权，以保障公民和纳税人权利的实现。

（三）一个宪政主义科层结构分析框架

市场经济条件下财政分配中不同行为主体的法律关系，最终需要通过宪法和法律，进一步讲，需要通过财政制度安排加以规范和细化。可见，财政制度安排无疑是制度安排的集合，既包括宪法性公共财政制度安排，又包括行政性公共财政制度安排。笔者曾将此用一个宪政主义科层结构分析框架进行演绎[②]。为了便于与“国家

① 杰佛瑞·布伦南，詹姆斯·M. 布坎南. 规则的理由［M］//杰佛瑞·布伦南，詹姆斯·M. 布坎南. 宪政经济学：冯克利，秋风，王代，等译. 北京：中国社会科学出版社，2004：2.

② 武振荣. 公共财政：一个基于宪政主义视角的分析框架［M］//西南财经大学财政税务学院. 光华财税年刊（2005）. 成都：西南财经大学出版社，2005.

分配论”理论分析一般框架进行比较，引证如下：

在立宪层次所做的公共财政制度安排是宪法性公共财政制度安排，是制度的制度（元制度）、规则的规则（元规则），具有最高的权威性、规范性和约束性。在代议制下，通过国家最高权力机关制定宪法，并在宪法中合理配置和规范公共财政所涉各行为主体，进而确定和约束实际拥有征税权的政府的权力和责任；制定税收法律以及对税收立法权限和税收授权立法做出原则规定；规定国家预算制度和财政管理体制；对一般转移支付制度做出程序性规定等，从而形成公共财政在立宪层次的制度框架。

从行政层次的公共财政制度安排来看，行政性公共财政制度安排是元制度下的制度、元规则下的规则。政府根据宪法性公共财政制度安排和体现宪法原则的税收法律，规定行政措施，制定行政法规，发布决定和命令。如制定税收实施细则、规定行政性管理和事业性服务收费的项目和标准、建立科学的政府部门预算制度和政府招标采购制度、建立规范性的转移支付制度等，从而把宪法性公共财政制度安排现实地细化为经济运行中政府可操作行政性公共财政制度安排。

从操作层次来看（见图 2），操作层次的行为主体（主要是企业和家庭，也包括政府的公营部门）在宪法性公共财政制度安排和行政性公共财政制度安排框架内，选择如何进行生产经营、投资、消费等一系列社会经济生活。在实际的经济运行过程中，操作层次行为主体的相互作用的结果会导向立宪层次及行政层次以寻求一系列新的公共财政制度安排来改变行为主体的选择域。

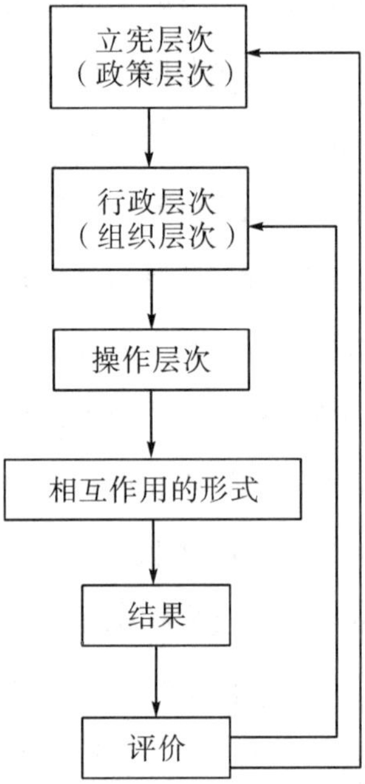

图2

三、“国家分配论”与“公共财政论”的比较研究

（一）理论分析框架与研究范式的比较

“国家分配论”的理论分析框架是以两种属性的分配为理论分析路径，以国家所有制为前提，并以国家为主体，运用两种权力对一部分社会产品和国民收入进行分配与再分配。从历史的视角来看，从亚当·斯密的“交纳税赋、维持政府”① 到马克思主义经典作家的用税收维护公共权力，再到“国家分配论”的以国家为主体

① 亚当·斯密. 国富论［M］. 谢宗林，李华夏，译. 西安：陕西人民出版社，2006：385.

对一部分社会产品和国民收入进行分配与再分配的财政分配运动，在价值理念和逻辑思路上是一脉相传的，并且是在一定的规则下进行的，笔者曾将其称为国家权力本位研究范式。①

“公共财政论”的理论分析框架强调的是在市场经济这种法治经济背景下，在宪政体制的架构内，通过构建公共财政基本框架，来规范和完善财政分配中不同行为主体的权力（权利）与责任（义务）关系。通过政制和法制的制度设计，公共财政基本框架的构建就具体的转换为在以人为本的公共财政宪政思想和对税收法定主义张扬的理念下，进行规则的选择和财政制度安排的集合，既包括宪法性公共财政制度安排，又包括行政性公共财政制度安排。这种从公共选择视角对公共财政的研究，笔者曾将其称为宪政主义范式②。

（二）从不同的视角研究财政分配中的主体

“国家分配论”强调的是，在国家所有制背景下以国家为主体的财政分配关系，主要要阐明的是国家在财政分配中的主体地位，在此基础上来构建与国家在财政分配中的主体地位相适应的国家财政收支体系的应然结构、国家财政收支的来源、形式以及相应的方法等，强调了在国家所有制的规则下国家权力本位实现的路径和在经济上实现的形式。

“公共财政论”强调的是，在以法治理念为背景的市场经济条件下，建立以人为本的公共财政基本框架。这样，财政分配中的另

① 武振荣. 公共财政：从逻辑前提到规则选择 [J]. 财经科学，2006 (11).

② 武振荣. 公共财政：从逻辑前提到规则选择 [J]. 财经科学，2006 (11).

一个不容忽视的主体——纳税人和公民的地位就必然成为财政分配关系中不可或缺的有机组成部分。正如布伦南和布坎南表达的基本立场："从规范的角度看，我们最关心的对象是纳税人和公民——亦即所有那些承受着纳税负担的人，或那些政府财政抽取权力的潜在对象的人。"[①] 从财政立宪分析的视角，"公共财政论"着重解决的是如何限制公共权力和防范公共权力的滥用。通过宪法和法律对政府公共权力的约束，也有利于建立一个更负责任的政府。实际上，也就是要阐明一个民主财政规则体系的应然结构。公共权力在经济上实现自己的形式的税收和公共权力实现路径的征税权，必然要打上宪政体制下的程序控制和规则约束的印记。

（三）公共权力与征税权："国家分配论"与"公共财政论"共同的逻辑前提

显然，"国家分配论"与"公共财政论"研究范式的视角是有所不同的。如果说"国家分配论"的国家权力本位研究范式更强调的是在国家所有制前提下，以国家的两种权力为依托的两种属性的分配这种以国家为主体的财政分配，更关注的是公共权力如何维持及实现路径这种规则下的选择的话。那么"公共财政论"的宪政主义范式对征税权与政府权力的讨论的视点，即征税权涉及什么内容，以及政府拥有这一权力的含义这些逻辑上优先的问题，更强调的是公共权力客体（公民和纳税人）对权利的法律诉求，更关注的就是如何限制公共权力和防范公共权力的滥用这种规则间（规则本

① 杰佛瑞·布伦南，詹姆斯·M. 布坎南. 规则的理由//宪政经济学：中译本. 北京：中国社会科学出版社，2004：14.

身）的选择。但笔者以为，把公共权力与征税权作为财政分配理论的逻辑前提或逻辑优先的问题加以强调，在本质上具有同一性。

四、简单的结语

（一）从发展的视角看“国家分配论”

笔者认为，虽然许廷星教授首创的“国家分配论”的学术思想已经从以广义经济学为主的路径展开了全面分析，并从政制与法制的视角给出了阐释。但由于中国特有的政治经济学背景与历史背景：从政治经济学背景来说，当时学术界不承认中国有商品经济，因而事实上也不承认中国有税收，在实践中还出现了“商品经济外壳论”和“税利合一”的说法；从历史背景来说，当时中国实行的是高度集中的计划经济且在实践中强调“一大二公”等，以至于“国家分配论”没能从更广的层面，如经济学和政治科学的交叉点上，从法治财政的视角对财政分配理论加以进一步拓展。这也正是“国家分配论”在当今中国社会主义市场经济体制下需要完善和嬗变的。

（二）从辨证的视角看“国家分配论”与“公共财政论”

辩证地看，与其说公共权力实现论与公共权力约束论是相互分离的，不如说两者是相辅相成的。“国家分配论”主要强调要解决的是，在以国家所有制为前提的规则下财政分配运动在行政层次上两种权力的实现问题；“公共财政论”主要强调要解决的是公共财政在立宪层次的规则选择问题。这实际上是现代财政分配理论研究范式和分析路径的两个层次，从理念上确认并深入研究这两个层次，对中国建立与社会主义市场经济体制相适应的法治财政尤为重要。同时，对强调在国家所有制前提下的“国家分配论”的进一步完善和发展，对在中国社会主义市场经济背景下“国家分配论”的嬗变及与“公共财政论”的对接，建立与中国特色的社会主义市场经济体制相适应的公共财政的基本框架，都有着不可替代的理论意义与实践价值。

（三）从历史使命的视角看中国的公共财政

更全面地看，随着20世纪50年代末期西方公共选择理论的兴起，有关财政立宪、税收立宪的理论应运而生，对公共财政研究的分析路径也从传统的以经济学为主的分析路径扩展到了政治学，以至宪法学的分析路径。正如对公共选择理论做出了杰出贡献的布坎南指出的：“财政，作为一个学术分支，作为一门科学，处于狭义经济学和政治科学之间的分界线上，可称为政治的经济学。”[①] 政治的经济学显然不是传统意义上的政治经济学，认为财政学处于狭义经济学和政治学之间的分界线上，表明了布坎南对财政科学的新的认知，也为我们提供了另一种思路和从不同的视角观察财政现象另一扇“窗口”。布坎南之所以特别强调宪政规则，除了他本身的哲学观外，还在于在他看来，“这些规则提供了一个框架，人们（游戏者）在里边扮演各式各样的复杂角色，从他们的互动中产生了分配结果的格局”[②]。而分配结果的格局，特别是财政分配的结果的格局，正是在当代市场经济条件下公共财政所面对的政治经济和社会问题。在市场经济以效率作为价值取向的背景下，通过公共财政规

① 詹姆斯·M.布坎南.民主财政论［M］.穆怀册，译.北京：商务印书馆，1993：181.

② 杰佛瑞·布伦南，詹姆斯·M.布坎南.规则的理由［M］//杰佛瑞·布伦南，詹姆斯·M.布坎南.宪政经济学：冯克利，秋风，王代，等译.北京：中国社会科学出版社，2004：157.

则选择和分配与再分配，促进一个相对公平、正义的和谐社会的构建，应该是中国公共财政的历史使命之一。

参考文献：

[1] 许廷星. 关于财政学的对象问题 [M]. 重庆：重庆人民出版社，1957.

[2] 许廷星，谭本源，刘邦驰. 财政学原论 [M]. 重庆：重庆人民出版社，1986.

[3] 杰佛瑞·布伦南，詹姆斯·M. 布坎南. 宪政经济学 [M]. 冯克利，秋风，王代，等译. 北京：中国社会科学出版社，2004.

[4] 亚当·斯密. 国富论 [M]. 谢宗林，李华夏，译. 西安：陕西人民出版社，2006.

[5] 丹尼尔·W. 布罗姆利. 经济利益与经济制度 [M]. 陈郁，郭宇峰，汪春，译. 上海：格致出版社，上海三联书店，上海人民出版社，1996.

[6] 詹姆斯·M. 布坎南. 民主财政论 [M]. 穆怀朋，译. 北京：商务印书馆，1993.

历史上真有“自由资本主义时期”吗?

——谨以此文纪念我的导师许廷星教授《关于财政学的对象问题》出版50周年

朱明熙[1]

【内容摘要】理论界一直认为西方资本主义主要经历过三个发展阶段——重商主义时期（16～18世纪），自由资本主义时期（19世纪），垄断尤其是国家垄断资本主义时期（19世纪末期至今，尤其是20世纪30年代大危机以来）。但本文从实践方面论证了自由资本主义时期实际上并不存在，而是后人杜撰的一个很可能使人误入歧途的神话。

【关键词】自由资本主义　重商主义 自由放任　国家调节

---

① 朱明熙（1954—），男，西南财经大学财税学院教授，博士生导师，主要研究方向：财税理论与政策、“三农”问题、反贫困问题。

理论界一般都认为，西方资本主义主要经历过三个发展阶段——重商主义时期（16～18世纪）、自由资本主义时期（19世纪）、垄断尤其是国家垄断资本主义时期（19世纪末期至今，尤其是20世纪30年代大危机以来）。理论界一般认为，自由资本主义时期是对重商主义时期中的国家干预和保护的“人为秩序”的一种否定，因为，自由资本主义时期主要信奉的是亚当·斯密及其古典学派的自由贸易、自由竞争和自由放任的理论和政策，否定重商主义所主张的国家对经济的干预和保护，并且认为，这样一种“人为的”干预和保护远远不如“看不见的手”的市场“自然秩序”对经济更加有效，因此，政府只应当充当对经济“袖手旁观”的“夜警国家”。而后来的垄断尤其是国家垄断资本主义时期所实行的凯恩斯学派的宏观经济调节政策和社会调节政策，又是对亚当·斯密及其古典学派的自由竞争和自由放任理论和政策的一种否定或者说扬弃。而且受斯密等人的影响，往往将重商主义时期的重商主义理论和政策视为一种谬论加以批判与唾弃，而将西方国家的成功往往归结为实行自由放任的古典经济理论和政策的结果，并将其作为具有普通意义的经典向全球推广。这不管是从理论上还是从实践上，可能都是一个绝大的谬误，如果将之作为原则指导实践，则很可能导致悲剧甚至是惨剧。

我个人认为，资本主义任何一个发展阶段要成为一个时期，主要应当具有以下两个重要的基本特征，否则，很难称之为一个历史发展阶段或者说时期。

特征之一，在资本主义长达四五百年的历史发展过程中，它应当持续相当一段发展时间，至少在一百年左右，或者按理论界公认的19世纪。

特征之二，当时（19世纪）在绝大部分资本主义国家中，或者至少是在主要的资本主义国家中，它应当是一种占主导地位的经济体制和经济政策。

但是，资本主义的发展史上真的存在过这样的自由资本主义时期吗？

众所周知，重商主义盛行于15～18世纪时期的西欧，它是对西欧国家如何运用国家的力量，保护并且促进本国的工商业发展，最终达到国家富强的有关经济理论和经济政策的分析与探讨。“在重商主义时代，一个幽灵困扰着欧洲，这便是担心像西班牙一样因富于黄金，贫于生产，以及由可怕的贸易逆差而被毁灭。”重商主义者们研究和探讨的结论是：西班牙是在以浪费和纯粹炫耀性的奢侈中，而不是利用殖民扩张和贸易中积累的大量财富发展工商业中衰败了。因此，他们以及后来的英、法等国的重商主义者们研究的中心就是，如何使本国避免重蹈西班牙的覆辙，尽快地富强起来，而提出的政策主张主要是如何利用国家的力量，来促进这一目标的实现。比如，实行贸易及关税保护政策，国家投资兴办工商业，或者通过各种政策促进私人工商业的发展，或者通过殖民扩张和战争打败强大的敌手，来争夺更多的财富，等等。而并非如亚当·斯密的古典学派所批判和后来的人们在其影响下所通常认为的那样，重商主义者就像葛朗台式的守财奴一样，整天只知道盘算如何通过多出口少进口的对外贸易来增加本国“窖藏”的金币，不知道如何通过生产来促进财富增长。其实，即便是按照亚当·斯密的古典学派所批判的重商主义者们只注重通过对外贸易来增加本国财富的政策，在当时也没有错。因为，从资本主义发展的历程来看，资本主义最初的发展无一不是建立在海外贸易和商业扩张的基础之上的，而要真正从海外贸易中实现多出口少进口增加本国财富的目的，则必然会想方设法促进本国工商业的发展。

而且，从拉尔斯·马格努松主编的《重商主义经济学》披露的大量史料来看，正是15～18世纪重商主义者的研究与探讨，为后来的古典学派提供了相当的启发和借鉴，其中一些思想也为古典学派所继承。但是，正如该书的译者王根蓓所说：“若论渊源，重商主义是现代学派的始祖。然而，或因重商主义根植于西方血色黎明时期的殖民掠夺，或因其著书立说者多为‘亦商亦盗’的商人或官员，或因其顽固地鼓吹‘警匪合谋’式的国家干预贸易政策，重商主义经济学在其‘后裔’——现代自由主义经济学中虽未‘声名狼藉’，但也备受非难。现代新古典经济学如同一夜暴富的新贵，为忘却其卑微的出身，竭力抹杀其同重商主义的‘血缘关系’。……对重商主义‘扬其过，抑其功’，……重商主义思想不仅是文艺复兴在经济领域结出的累累硕果，同时，它也是启蒙运动在该领域衍生出的奇花异卉。……尽管重商主义在其‘嫡亲’——英、法古典经济学那里备受冷遇，但它却在其‘远亲’——美、德历史学派那里颇得善待。……甚至在1870—1920年，即斯密批判重商主义100年后，以及自由贸易在英国取得胜利的25年后，重商主义经济学又在英国复活。”

从实践上看，根据手头掌握的资料，无论是发达国家还是发展中国家，最后能够真正发展起来的，无一不是根据本国的国情实行各种形式的重商主义政策，甚至包括最先发展起来的英国；相反，凡是实行自由主义经济政策的国家，大都以闹剧开场，而以悲剧结束。

一、以自由主义经济理论——古典经济学的诞生地英国为例

据史料记载，英国在1500年的收入水平远低于当时作为欧洲领先经济的意大利、佛兰德斯和布拉班特的收入水平。甚至在1700年，它虽然超过其他国家，但还低于荷兰。而英国之所以后来居上，通过“工业革命”一跃而为世界头号强国，并成为世界霸主引领世界潮流达一百年左右，其中的缘由固然很多，但国家的作用却是绝对不容忽视的。

首先，1640—1688年的英国资产阶级革命的成功，建立了一个以资产阶级和新贵族占统治地位的政权，为英国的资本主义发展奠定了坚实的制度基础。

其次，在以后的世纪里，英国政府推出的一系列重商主义的国内和国际政策，促进了“工业革命”的产生和实现，并最终确立了英国在世界上的“霸主”地位。

比如，就破坏封建社会的根基——封建庄园土地关系的“羊吃人”的“圈地运动”而言，虽然发生于资产阶级革命以前的15～16世纪，并不断激起许多农民的反抗和暴动，但当时的英国国王为了维护社会稳定，同时也为了稳定农业生产和必要的兵源及财源，曾先后多次颁布禁止圈地的法令。英国资产阶级和新贵族掌握政权以后，则通过议会立法使圈地运动合法化。据资料记载，在工业革命前后，议会有关圈地的法案达4 000多个，所涉及的土地面积，据哈蒙德夫妇估计，达到英国耕地面积的一半。而大规模的圈地运动

至少产生两个直接结果：一是资产阶级化的新贵族和资本主义租地农场主阶级的形成和壮大，使资本主义的土地所有制得以确立。二是产生了大量的被剥夺了生存资源的、除了出卖劳动力以外一无所有的无产者，为资本主义的雇佣劳动制的形成创造了条件。

再如，从17世纪一直持续到19世纪的臭名昭著的海外掠夺、奴隶贸易和殖民战争，也是英国政府推动英国经济发展的又一重要方面。“海外掠夺使英国获得了启动工业革命的重要原始资本。殖民战争不仅为英国掠取资本，而且为之开拓海外市场。在工业革命前的一个半世纪里，英国政府进行各种殖民战争，与其他国家相比，次数最多，历时最久。殖民战争为英国带来三大好处：①以战胜国资格索取巨额赔款；②用武力吞并战败国大量的殖民地并且把殖民地逐步转变为自己的商品出口市场和原料产地；③获得对殖民地的贸易垄断权。仅在1630—1790年，英国商人共将250万黑奴运出非洲，获纯利1 200万英镑。其中18世纪中后期就占了一半。而且，黑奴贸易仅仅是三角贸易中获利的一个方面，其他如商品贸易、原料收购，以及与此有关的造船业、海运业、银行业、保险业的发展，同样给英国资产阶级带来了丰厚的利润。这些在掠夺印度的财富上尤为突出。据不完全统计，从1757—1815年，英国政府从印度掠取的财富近10亿英镑。”而让中国人记忆犹新的1840年、1856年的两次鸦片战争，西方列强用炮舰轰开了中国的“万里长城”，迫使中国割地赔款，开放通商口岸，英国享受低税特权，使中国从此沦为他们任意宰割的半殖民地。正如英国皇家历史学会副主席哈里·狄更斯所说：“英国在16世纪末实际上还是一个人口很少的小国。英国的强大最终还是通过商业和殖民地的经济扩张。”

英国皇家历史学会教授波琳·克罗夫特也认为，“在欧洲以及英国社会由中世纪向现代社会转变的过程中，强有力的君主制是关键的一环。强有力的君主制给英国带来了早期的辉煌，使英国走出了成为大国的重要一步。”

还有，英国在当时实行的若干保护主义的关税政策、航海法、谷物法、对进口印度绸和棉布课以重税、对中国的鸦片贸易、对私人企业的优惠贷款政策等。

此外，值得注意的还有，在英国的殖民扩张中，大量向海外殖民地的移民（如向美国、加拿大、澳大利亚、新西兰等地的大量移民），减轻了贫困农村过剩劳动力转移的压力，从而有利于工业化发展。据史料记载，1820—1913年，英国人口的净流出大约是1 200万人，从欧洲其他国家流出的人口大约是1 400万人。（见表1）

表1　　1500—1998年英国迁往巴西、澳大利亚和美国的净移民数量　　单位：千人

时间＼国家	巴西	澳大利亚	美国	英国
1500—1600年	+40	—	—	n. a.
1600—1700年	+60	—	+131	−714
1700—1820年	+400	+33	+587	−672
1820—1869年	+400	+1 069	+6 131	−5 548
1870—1913年	+2 200	+885	+15 820	−6 415
1913—1950年	+1 294	+673	+6 221	−1 405
1950—1998年	n. a.	+4 184	+24 978	+132

资料来源：安格斯·麦迪森. 世界经济千年史［M］. 伍晓鹰，许宪春，叶燕斐，等译. 北京：北京大学出版社，2003：23.

这一切为英国的工业革命和成为世界头号强国奠定了重要的基础条件。由此可见，英国政府在工业化和现代化的过程中，绝不是像传统古典理论所说的那样，实行的是“袖手旁观的自由放任”的政策，而是利用国家的力量，为促进资本主义工商业的发展，发挥了重大的作用。

即便是1776年亚当·斯密发表《国富论》以后，英国的重商主义政策也是直到19世纪中叶才改弦更张，实行自由贸易政策，其标志是1846年取消对农业进口品的保护性关税的《谷物法》，1849年废除《航海法》(此前若干《航海法》规定：非经英国政府许可，外国商人不得与英国殖民地通商；英国殖民地向英国输出商品，必须使用英国船只运载；外国向英国殖民地输出商品，必须先运到英国纳税后方能转销；殖民地输往欧洲的商品，也必须经过英国再转销欧洲市场；等等)，1860年取消所有贸易和关税限制。但值得注意的是，这时的英国，无论是工商业、金融保险业、航运业还是军事力量，总之一句话，其国力已在世界上独占鳌头，傲视群雄，它的质优价廉的商品已经可以轻而易举地轰开世界上的一切“万里长城”。同时，还值得注意的是，仅仅过了25年，随着美国、德国等后起之秀的迅速崛起并超过英国，一些英国的经济学家和经济史学家便开始质疑自由贸易政策的合理性，并由此产生了一个经济史与应用经济学学术团体，形成了重商主义经济学在英国的复兴。其标志就是从1821年起英国放弃了已推行了大半个世纪的自由贸易政策，对进口品征收附加关税。

二、以号称一直实行自由放任古典经济学政策的美国为例

政府在促进现代化发展的过程中，也同样扮演了重要角色。

美国一直以来给人的印象似乎是政府从来都是实行不干预经济的自由贸易、自由竞争、自由放任的经济，政策这种看法其实大谬不然。以具有重商主义浓厚色彩的贸易保护关税制度为例，美国建国不久，当时的财长、美国的缔造者之一亚力山大汉·密尔顿针对美国羸弱的经济，在1791年12月提出了带有浓厚保护主义色彩并具有重要影响的《关于制造业问题的报告》。他在报告中明确提出：一个强大的制造业基础会增加国家整体的收入与财富，会提供更多的就业机会，会吸引外国资本，使国家更加独立和安全。但是，一个强大的工业基础是不会自动形成的。他在报告中警告说，美国的小制造商如果得不到保护和补助，将永远赶不上欧洲更大规模和更先进的制造商。因此，他极力主张对外国进口产品征收关税，或对美国制造商给予补贴。后来的美国总统林肯也曾以特有的口吻说过类似的话。他说：我不大懂关税的事。但是我明白的是，当我们向外国购买产品时，我们得到的是货物，而外国人得到的是钱；当我们在国内购买产品时，我们既得到货物又得到钱。这一重商主义政策的标志之一，就是美国自建国以后先后实行的高关税政策。据史料记载，美国建国之初，当时尽管有汉密尔顿等人主张实行保护性的高关税制度，以促进美国工业的发展，但由于受各种因素的制约，当时制定的关税法的平均税率为8.5%。到1816年，由于担心大量涌入的廉价的英国商品挤垮国内刚刚起步的制造业，美国国会立法通过了第一部保护性的关税法，对进口铁制品征收30%的关

税，对进口棉织品和毛织品征收25%的关税；以后又逐步提高，1824年平均关税率升至40%，1824年平均关税率更高达61.7%。自1828年以后的大约一百年，贸易保护主义在美国对外贸易政策中一直占主导地位。虽然关税后来有所降低，但直到1913年，美国的平均进口税率仍然接近50%，钢、铁、棉织品、羊毛制品的关税税率更高。美国当时的关税水平甚至大大超过经济非常落后的中国，而当时的美国经济实力已上升为世界第一。

此外，美国独立之初，由于权力主要在州，因此州政府在推动经济发展方面起着重要作用。比如，在经济发展的基础设施——交通运输建设方面，据资料记载，“到1861年为止，弗吉尼亚州花费了500多万美元的资金支持私人造路修桥；纽约州政府也为建造著名的伊犁运河，在1817—1825年投入700万美元的巨资。1838—1860年，各州政府共出资1.5亿美元建造铁路。在南方，55%的铁路建设资金来自州和地方政府。州政府还通过免费赠予各种土地的方式，引导私人建设公路、运河和铁路，1781—1974年，共提供土地188 583 5.092 8平方公里。除此之外，州政府还积极支持工商业和农业的发展，许多州包括佛蒙、纽约、俄亥俄州政府常常给新兴的纺织业、玻璃工业及制铁工业以免税优惠，有些南部州县还给企业免费土地供建厂之用。同时，还提供优惠贷款扶持大农业的发展。州政府还广建州立银行，为私人企业提供大量贷款甚至直接投资，据估计，从1789—1860年，州和地方政府共为全美新产业建设的投入占总投资的一半左右”。

对此，洪朝辉先生在《发达国家的现代化道路》一书中总结道：“很显然，美国内战前的社会形态并不是纯粹的自由放任经济，作为政府的两大权力机构——州政府和司法部门深深地卷入了早期工业资本主义的发展过程，正面促进了美国资本主义经济的成长并为内战后行政与立法的经济干预提供了经验与借鉴。”

1830—1900年，随着经济的跨州的发展，州和地方政府面对急剧发展的经济陷入有心无力的困境。内战的爆发为共和党主导的美国国会直接干预经济创造了千载难逢的机会，秉承联邦主义思想的共和党历来主张强化联邦政府的力量，积极干预经济。而且在内战后至1900年基本上由共和党主导参议院和白宫（除两届外）。这样，内战期间和内战后美国政府和国会在6个方面对美国经济发挥了促进和干预作用：

①推动土地立法，低价出售甚至无偿赠予土地，为农业资本主义的发展创造条件。据统计，在1860—1900年，国会共处理了约2 913 736 624.13平方千米土地。

②大力扶持联邦银行，稳定货币，避免金融危机发生。

③利用关税保护国内工业的发展。

④扶持和推动铁路建设。比如，1862年国会通过“太平洋铁路法案”，为了建造第一条横贯美国大陆的铁路干线，于1872年前免费拨给铁路公司土地约687 965.591 8平方千米，价值相当于5亿美元（还不包括州政府拨给铁路公司的免费土地），同时，还给予铁路公司大量的优惠贷款。

⑤自1870年起美国国会开始干预托拉斯和大垄断企业。

⑥美国的不断侵略扩张和对外掠夺为它获得了大量的领土、资源和发展空间。1803年购得路易斯安那（2 142 417.445 0平方千米），1809年占领佛罗里达（186 486.013 9平方千米），1845年强占

得克萨斯（1010468.3213 平方千米），1846 年占有俄勒冈（737 058.816 4 平方千米），1848 年侵占墨西哥土地（370 147.740 2 平方千米），1853 年得到加兹登土地（76 767.247 5 平方千米），使美国的领土面积在 1860 年达到7 827 946.394 8平方千米，是 1790 年的 3.4 倍。

三、后起之秀——德国

18 世纪中期，英、法已接近工业革命完成，而当时的德国却仍然是一个落后的封建农业国，并处于几十个诸侯国封建割据的分裂状态。如何摆脱封建割据的分裂状态，统一国家，促进工商业的发展，并尽快赶上英、法等先进国家，是德国人所面临的生死存亡的头号问题。正是在这种历史背景下，德国的“经济学之父”、历史学派的代表人物李斯特，以大无畏的精神，公开反对当时在欧洲盛极一时的古典学派的自由放任的经济理论和经济政策，主张德国实行保护和促进民族工商业发展的重商主义政策。李斯特曾经到过美国，并深受汉密尔顿思想的影响。李斯特在其著名的《政治经济学的国民体系》（1846）一书中提出经济发展阶段理论，并以此批判了亚当·斯密的自由放任的古典经济理论。他认为，古典学派的理论是一种世界主义经济学，它抹杀了各个国家不同的经济发展水平差别和特点，错误地以自由贸易政策作为唯一的模式应用于所有国家，而实行的结果，只能是对英国这样的先进国家有利而像德国这样的落后国家只能永远落后于英国，成为英国的附庸。因此，英国的自由贸易政策实际上是英国出于自私目的的“自由贸易帝国主义政策”。像德国这样的落后国家要想发展起来，就不能实行亚当·斯密的自由放任政策，恰恰相反，必须利用国家的力量，实行贸易保护政策，尤其是关税保护政策。而国民经济学的任务就是“研究如何使某一国家凭农工商业取得富强、文化和力量”，提出“国家为了改进它的经济状况所应当遵循的政策”。

丁建弘先生在其主编的《发达国家的现代化道路》中写道，德国的统一从四个方面对德国的经济和社会现代化起了重大作用。

第一，德国的统一扫除了德国经济发展中的最大障碍，加速形成统一的民族市场。这种具有统一货币、统一法规的经济一体化进程，造成德国经济现代化的巨大容量。比如，1871 年在德国流通的尚有 126 种硬币、108 种钞票和 43 种国家货币。1873 年 7 月公布货币法，规定实行帝国金本位制，1875 年统一实行帝国马克，同时将普鲁士银行改建为德国帝国银行。再如统一经济法规。19 世纪 70 年代上半期，帝国政府颁布了一系列法令，诸如商业法、营业自由法、统一的度量衡法、民权和迁徙自由法、关税法等，使经济发展有了法律保证。再如创立帝国铁路局，统一管理铁路，同时通过国家购买提高国有铁路比重。

第二，德国统一为农业的资本主义化打下了基础，而农业的资本主义化则促进了德国经济的起飞。1879 年俾斯麦承认对农业实行保护关税政策以限制大量谷物从东欧、俄罗斯和美国涌入，1855 年和 1887 年又提高关税税率。由于集约化、关税保护和国家援助，19 世纪下半叶德国的农业得到蓬勃发展。

第三，统一的德国对经济的保护或者说对经济的干预表现得非常突出，国家在促进德国现代化的发展中起着重大作用，这是德国不同于英国等当时其他先进国家的独特之点。这在当时不仅是发展经济、是在激烈的世界市场上为德国争一席之地的客观需要，也是出于争霸欧洲的军事和国防上的需要。为了实现“富国强兵”的目标，德国把经济发展的重点放在扩充军备和与军事生产有关的重工业上，同时在工业方面也实行保护关税政策，如对进口原料实行免税，对进口半成品实行低税，对产成品也区别情况实行高低不等的关税。

在对外方面，俾斯麦推行稳健的、均势的“大陆政策”，力求避免过早卷进大国争端的漩涡，力图营造一种欧洲大陆的均势，从而为德国的经济起飞创造良好的国际环境，争取 20 年的和平发展时间。

第四，统一后的帝国非常注重教育和科技的发展，注重学习英美法等国先进的工业化经验，注重从精神上保证德国经济现代化的快速发展。俾斯麦政府加强对教育的控制，颁布了一系列帝国教育法令。19 世纪 70 年代完成了近代教育革命，实行强迫义务教育制，这使整个德意志民族的文化素养大为改善。德国的文盲率，1841 年是 9.3％，1865 年为 5.25％，1881 年为 2.38％，1895 年只有 0.33％。同时大力发展职业教育，改革高等教育，使当时德国成为世界瞩目的教育中心。在促进科技发展方面，德国政府善于瞄准那些对国民经济特别是对重工业和新兴工业的发展具有决定性影响的科技领域，组织和设立许多科研机构，鼓励和促进德国科技的发展。德国人在学习英、美、法等国先进科技的基础上，完成了一项划时代的转变：把科技转向应用于生产。他们把基础理论研究、应用科学研究同生产联系起来，互相渗透、互相促进，加快了科技进步和经济的加速发展，使德国在短短的时间里赶上世界发达国家，成为经济强大科技先进的国家。

正是在这样的历史背景下，统一后的德国在19世纪下半期出现了德国历史上最引人注目和最令人惊讶的经济转变。在大约30年的时间里，德国经历了英国用100多年才完成的工业革命，将一个农业占统治地位的落后国家转变为一个现代高效率的工业技术国家。美国历史学家科佩尔·S. 平森认为，甚至美国的进步也不如德国的经济革命那么不同凡响，因为德国并不像美国那样，有得天独厚的丰富的自然资源和大量的移民。

德国的这条道路在日后崛起并发展比较成功的后来者——日本、韩国、新加坡、苏联，以及中国大陆和台湾地区都能看到它的身影。

以上事实充分说明发达国家，不论是老牌的先发展起来的英国，还是后起的美国、法国、德国、日本等国，从来就不是按照亚当·斯密的所谓的“自由放任、自由竞争、自由贸易”的市场机制自然而然地发展起来的，在它们早期的相当一段时期中，都是在市场经济机制下，依靠国家的各种保护和扶持政策，如财政政策、税收政策、关税政策、投资政策、补贴政策等，以及肮脏的黑暗的残酷的血腥的殖民战争、殖民掠夺、殖民贸易、奴隶贸易、“羊吃人的圈地运动”等发展起来的；即使在英国实行所谓的“自由放任、自由竞争、自由贸易”的市场机制，那也是在19世纪中期“工业革命”完成。英国经济已经成为称雄全球的“世界工厂”之后，英国需要向全球扩张才能进一步发展，而继续实行贸易保护主义政策已经不合时宜之时，才改弦更张鼓吹实行“自由放任、自由竞争、自由贸易”的市场机制。而且，当后起的国家，如美国、德国、日本等国发展起来并威胁到英国的经济利益和霸主地位时，英国又往往祭起国家保护的重商主义政策。所以，当时的李斯特们就曾经一针见血地指出，这种所谓的“自由放任、自由竞争、自由贸易”的市场机制是包藏祸心的“自由贸易帝国主义”。如果德国实行这套政策，那么，德国只能永远落后，成为英国的附庸。同理，如果后起的日本、韩国、新加坡，以及中国大陆和台湾地区实行这套政策，那么，也只能永远落后，永远成为发达国家的附庸。

显然，各国实行“自由贸易”的政策，按照比较优势和利益进行产业分工和交换，是各国获得利益最大化的有效途径。但问题是在实践中全球不存在一个“世界性的政府”，各国的发展水平不同，利益也各不相同，也并不存在一个所谓的经济上的“共同利益”。在世界市场上各国都是按照自己国家的利益最大化原则行事的，在世界市场上各国就如同霍布斯在《利维坦》一书中所讲的，盛行的是“狼与狼”的“丛林法则”。如果按照古典经济学所说的，各国根据自己的比较优势发展经济，并实行“自由贸易”的政策，那么，美国当时就应当主要发展有比较优势的农业和棉花种植业，使美国成为英国的北美“粮仓”和纺织业的原料来源地，英国工业品和纺织品的销售地，而不应当发展工业以及金融业等。德国也应当主要发展有比较优势的农业，使之成为英国的欧洲“粮仓”和英国工业品的销售地。日本就更不需要发展钢铁、机器制造业、汽车工业等。然而，西方发达国家恰恰不是按照亚当·斯密们的古典经济学的教导，实行所谓的“自由放任、自由竞争、自由贸易”的市场机制，而是实行各种“重商主义”的国家保护与促进政策，最终发展起来了，这一点尤其体现在后起的发达国家和发展中国家身上。

综上所述，在西方资本主义发展历程中，虽然在某个时期个别国家如英国，或可勉强算上美国，曾经在19世纪下半期短暂实行过自由主义的经济政策，但这一政策却并未同时在其他西方国家共同实行，因此，有什么充分理由说资本主义在19世纪存在一个“自由资本主义”这样一种具有普遍意义的历史阶段呢？有什么充分理由将其作为具有普适意义的经典向全球推广，说只要实行“自由放任”的经济政策，就会使一个国家的经济自然而然地发达起来呢？恰恰相反，在现实中发展中国家因为实行“自由主义”的经济政策而失败破产，动乱不断，这样的事例我们见得还少吗？因此，结论就是所谓“自由资本主义”时期或者阶段不过是一个人为编造的、使人误入歧途的“美丽的神话”。

参考文献：

[1] 拉尔斯·马格努松．重商主义经济学［M］．王根蓓，陈雷，译．上海：上海财经大学出版社，2001.

[2] 安格斯·麦迪森．世界经济千年史［M］．伍晓鹰，许宪春，叶燕斐，等译．北京：北京大学出版社，2003.

[3] 丁建弘．发达国家的现代化道路［M］．北京：北京大学出版社，1999.

[4] 宋则行，樊亢．世界经济史［M］．北京：经济科学出版社，1998.

[5] 肯尼思·O．摩根．牛津英国通史［M］．北京：商务印书馆，1993.

[6] 阎照祥．英国史［M］．北京：人民出版社，2003.

[7] 钱乘旦. 英国——在传统与变革之间 [M]. 成都：四川人民出版社，2003.

[8] 樊亢，宋则行，池元吉，等. 主要资本主义国家经济简史 [M]. 北京：人民出版社，1997.

[9] 邓峰. 论美国关税法的演变 [J]. 东北亚论坛，2005 (1).

[10] 罗伯特·赖克. 国家的作用——21 世纪的资本主义前景 [M]. 东方编译所，译. 上海：上海译文出版社，1994.

坚持马克思主义　探索财政分配规律

——许廷星教授财政思想评述

李松森

一、首次科学界定了财政学的研究对象

新中国建立初期，著名财政学家许廷星教授在对马克思主义经济学说深入研究的基础上，结合社会主义新中国的经济发展和财政工作实践，依据马克思主义经济理论，在当时的学术界第一次科学界定了财政学的研究对象。

马克思主义经济学说认为，财产权是社会生产关系的具体表现形式，财产权的本质是财产权关系。财产权关系是财产所有者相互之间在占有、分配和处分财产（物质财富）过程中发生的经济关系。国民收入分配反映了不同生产要素所有者之间的分配关系。马克思在阐述分配关系和生产关系理论时指出："由每年新追加的劳

动新加进的价值——从而，年产品中体现这个价值并且能够从总产品价值中取出和分离出来的部分——分成三部分，它们采取三种不同的收入形式，这些形式表明，这个价值的一部分属于或归于劳动力的所有者，另一部分属于或归于资本的所有者，第三部分属于或归于土地所有权的占有者。因此，这就是分配的关系或形式，因为它们表示出新生产的总价值在不同生产要素的所有者中间进行分配的关系。”① 可见，财产权利依据财产的物质实体不同，有多种表现形式。依据财产权进行的收益分配，反映了新生产的总价值在不同生产要素所有者之间的分配关系。

依据马克思的这一理论，许廷星教授将财政学与政治经济学的联系与区别进行了科学的界定，在1957年出版的专著《关于财政学的对象问题》一书中指出：“财政学是政治经济学的一个专门部分，政治经济学是关于人们的社会生产关系即经济关系的发展的科学。政治经济学研究人类社会各个发展阶段上社会的物质资料生产和分配的规律。财政学则是生产诸关系中有关分配关系发展的科学，它研究人类社会各个发展阶段上国家对社会产品或对国民收入分配及再分配的规律。”②

在此基础上，许廷星教授明确指出，财政学的研究对象既不是一般的经济分配关系，也不是货币关系，而是国家关于社会产品或国民收入分配与再分配过程中的分配关系。“财政学的对象是国家

---

① 马克思. 资本论：第3卷（下）［M］. 北京：人民出版社，1975：992.

② 许廷星. 关于财政学的对象问题［M］. 重庆：重庆人民出版社，1957：5.

关于社会产品或国民收入分配与再分配过程中的分配关系，简单地说，也就是人类社会各个发展阶段中国家对社会的物质资料的分配关系。人类社会一定的发展阶段的这种分配关系，是适应于人类社会一定的发展阶段的社会生产关系的。社会生产关系一变更，这种分配关系也随之而变更”[①]。这一重要理论观点的提出，为后来我国财政理论界进一步深入研究财政的本质和建立科学完整的“国家分配论”理论体系明确了研究方向。

依据这一思想，在我国社会主义市场经济条件下，财政学的研究对象应当是在社会主义初级阶段以国家为主体的社会产品和国民收入分配与再分配关系。由此，构建和谐的以国家为主体的社会产品和国民收入分配与再分配关系，促进社会主义市场经济的发展，就应成为社会主义财政学研究的主要内容，同时，也应是国家分配论进一步发展的主要内容。

二、首次提出了两种属性的国家分配论财政思想

许廷星教授对国家财政的本质进行了探讨，首次提出了两种属性的国家分配论财政思想。

马克思主义经济学说认为，财产所有权是收益权的基础和前提，财产所有者依据对财产的所有权（或垄断权）获得收益，获得收益是财产所有权得以实现的经济形式。劳动力所有权是工资收益的基础和前提，获得工资是劳动力所有权在经济上借以实现的形

① 许廷星. 关于财政学的对象问题［M］. 重庆：重庆人民出版社，1957：4.

式，即获得必要产品价值的形式。资本所有权是利润收益的基础和前提，获得利润是资本所有权在经济上借以实现的形式，即价值增值的形式。土地所有权是地租收益的基础和前提，土地所有者依据对土地的垄断权获得地租收益。地租的占有是土地所有权借以实现的经济形式，土地所有权是这种占有的基础。马克思指出："土地所有者的收入（不论把它叫什么），即他所占有的可供支配的剩余产品，在这里是全部无酬剩余劳动被直接占有的正常的和主要的形式，而土地所有权就是这种占有的基础。"①

基于对马克思主义上述财产权学说的正确理解，许廷星教授创造性地提出，社会再生产过程中的分配包括两种属性的分配：一种是以生产资料所有者为主体进行的分配，另一种是以国家为主体进行的分配。前者形成一般的经济分配关系，后者形成财政分配关系。一般的经济分配是对社会产品的分配或国民收入的分配，财政的分配是对国民收入的分配和再分配。他指出："我们把分配关系区分为社会经济的分配关系和国家职能所发生的分配关系（也就是指财政的分配关系）。一般的经济分配关系是以生产资料所有者为主体，财政的分配关系是以国家为主体。在生产资料私有制的社会制度中，一般经济的分配关系是属于社会产品的分配或国民收入的分配关系。财政的分配关系是属于社会产品的再分配或国民收入的再分配关系。在社会主义社会，社会主义经济的分配关系是属于国民收入的分配关系，财政的分配关系是属于国民收入的分配和再分

① 马克思. 资本论：第 3 卷（下）［M］. 北京：人民出版社，1975：906.

配关系。”①

许廷星教授进一步对两种属性分配的依据进行了阐述，明确指出：“经济分配是以生产资料所有者为主体，凭借生产资料的所有权，对生产的社会产品和国民收入进行分配。财政的分配是以国家为主体，凭借国家主权，对社会经济生产的社会产品和国民收入，参与分配其一部分。”②

结合社会主义国家在财政分配关系上的特点，许廷星教授又提出：“我国财政对国民收入的分配，首先表现在国家对社会主义性质企业内部积累的直接分配上，如国有经济利润的上缴，高级形式国家资本主义经济的一部分利润上缴……其次，表现在国家在国民收入的形成过程中或在国民收入形成的结果上对国民收入进行的分配或再分配，表现在对社会主义性质的经济、非社会主义性质的经济和对居民征收的各种工商业税（商品流通税、货物税、营业税、所得税等）、农业税、地方税等方面。”③ 从而进一步将社会主义国家财政界定为以国家为主体的分配，既包括以国家为主体的经济属性分配，也包括以国家为主体的公共属性的分配，对社会主义国家的财政分配活动和所反映的不同属性的分配关系作了客观的和系统的描述。

① 许廷星. 关于财政学的对象问题［M］. 重庆：重庆人民出版社，1957：25.

② 许廷星. 谭本源，刘邦驰. 财政学原论［M］. 重庆：重庆大学出版社，1986：13.

③ 许廷星. 关于财政学的对象问题［M］. 重庆：重庆人民出版社，1957：23—24.

两种属性分配理论的核心思想是：不同属性的分配依据不同的财产所有权。一般经济属性的分配依据生产资料所有权，财政的分配依据国家的权力。生产资料所有者获得收益是凭借生产资料所有权，国家作为主权所有者获得收益是凭借国家对土地的所有权。在社会主义社会，国家既是一部分生产资料的所有者，同时又是国家主权所有者。因此，社会主义国家可以依据所拥有的生产资料所有权，以利润的形式参与国有经济生产成果的分配，同时还依据国家主权，以税收的形式参与所有不同性质经济成分生产成果的分配。这就进一步把马克思主义的财产权学说与我国的社会主义经济实践结合起来，与社会再生产联系起来，从而客观地描述了社会主义国家财政的基本规定性，创立了以两种属性分配理论为基础的国家分配论财政学说。

以两种属性分配理论为指导，在社会主义市场经济体制下，国家财政既应包括以国家为主体的经济属性分配，同时也应包括以国家为主体的公共属性分配。以国家为主体的经济属性分配，表现在国家作为国有生产资料的所有者，以国有资本的所有权为依据，以股息、红利、产权转让收入和资产处置收入等形式参与政府投资企业的分配；以国家为主体的公共属性分配，表现在国家作为主权所有者，以一般生产条件和一般生活条件的所有权为依据，以各种税收的形式参与所有经济主体和社会成员所获得的收入的分配。以国家为主体的经济属性再分配，主要是用于国有资本的投入，以实现优化国民经济结构和经济总量平衡的目标；以国家为主体的公共属性再分配，主要是用于不断建立和完善社会生产的一般生产条件和社会成员生存与发展的一般生活条件，从而达到调节控制市场经济运行，促进公平分配，促进社会生产力进一步发展的最终目的。从这一角度来认识，以两种属性分配理论为基础的国家分配论财政学说，是能够客观全面反映社会主义国家财政全貌，揭示其内在规律，指导我国财政体制改革深入开展，构建和谐财政分配关系，促进社会生产力进一步发展的科学的理论。我国财政体制和国有资产管理体制改革的实践，包括公共财政体系的建立、国有资产监督管理机构的建立、公共行政预算和国有资本经营预算的建立和改革，印证了以两种属性分配理论为基础的国家分配论财政学说的科学性。

因此，有学者进一步提出："社会主义国家是建立在生产资料公有制基础之上的新型国家，它具有国家的一般性——作为主权者或社会管理者，凭借政治权力，以税收的形式参与包括国有经济在内的各种经济成分和资本组织形式的收入分配，并做相应的再分配；它又具有国家的特殊性——作为生产资料的所有者或出资者，凭借财产权利，以上缴国有资产收益的形式参与国有经济及相关的资本组织形式的利润分配，并做相应的再分配。在这两种分配的场合，国家都是分配的主体，所不同的是国家具有双重身份，使之具有两种权力，因而财政分配主要包括政治权利属性的分配和财产权利属性的分配。"① "在社会主义市场经济条件下，国家作为国有资产所有者行使权力和履行职责，是通过对财务资金的筹集与投入、资产收益的取得与分配来实现的。"② 这些论述实际上是对两种属性

① 王国清. 财政基础理论研究［M］. 北京：中国财政经济出版社，2005：2.

② 郭复初. 国家财务论［M］. 成都：西南财经大学出版社，1993：37.

的国家分配理论的进一步诠释和发展。

因此，那种把社会主义市场经济条件下的国家财政仅仅描述为公共财政而忽视国家财政还可以依据国有资产所有权，调节控制经济运行，参与国民收入分配的观点，是不客观、不全面的。

三、首次科学论证了国家征税的理论依据

许廷星教授还将马克思主义财产权学说的地租理论和国家主权理论应用到国家分配理论中来，在我国财政理论界首次科学论证了现代国家征税的理论依据。

马克思主义经济学说认为，不同的财产所有权对应于不同的收益形式。马克思指出："土地对土地所有者来说只代表一定的货币税，这是他凭他的垄断权，从产业资本家即租地农场主那里征收来的；……这样，土地所有权就取得了纯粹经济的形式。"[①] "这个作为租地农场主的资本家，为了得到在这个特殊生产场所使用自己资本的许可，要在一定期限内（例如每年）按契约规定支付给土地所有者即他所使用的土地的所有者一个货币额（和货币资本的借入者要支付一定利息完全一样）。这个货币额，不管是为耕地、建筑地段、矿山、渔场、森林等等支付，统称为地租。……地租是土地所有权在经济上借以实现即增值价值的形式。"[②] 马克思还指出："地租的占有是土地所有权借以实现的经济形式，而地租又是以土地所

① 马克思. 资本论：第 3 卷（下）［M］. 北京：人民出版社，1975：697.

② 马克思. 资本论：第 3 卷（下）［M］. 北京：人民出版社，1975：698.

有权，以某些个人对某些地块的所有权为前提。”① “地租是土地所有权在经济上的实现，即不同的人借以独占一定部分土地的法律虚构在经济上的实现。”② 可见，无论是直接占有耕地还是占有建筑地段、矿山、渔场、森林等，都要向土地所有者支付地租。因此，地租是土地财产所有权借以实现的经济形式。

马克思还指出，主权就是在全国范围集中的土地所有权。在国家拥有土地所有权的情况下，“国家就是最高的地主。在这里，主权就是在全国范围内集中的土地所有权。但因此那时也就没有私有土地的所有权，虽然存在着对土地的私人的或共同的占有权和使用权”③。可见，国家拥有土地所有权就等于消灭了土地私有权，但可以存在对土地的私人或共同的占有和使用权。马克思指出：“国家既作为土地所有者，同时又作为主权者而同直接生产者相对立，那么，地租和赋税就会合为一体，或者不如说，不会有什么同这个地租形式不同的赋税。”④ 同时，“把地租转交给国家，就等于消灭个人土地所有权。”⑤ 可见，土地财产所有权的所有者发生了变化，土地财产收益的形式也就发生相应的变化。在国家拥有土地所有权的

① 马克思. 资本论：第3卷（下）［M］. 北京：人民出版社，1975：714.

② 马克思. 资本论：第3卷（下）［M］. 北京：人民出版社，1975：715.

③ 马克思. 资本论：第3卷（下）［M］. 北京：人民出版社，1975：891.

④ 马克思. 资本论：第3卷（下）［M］. 北京：人民出版社，1975：891.

⑤ 马克思，恩格斯. 马克思恩格斯选集：第2卷［M］. 北京：人民出版社，1973：546.

经济制度下，地租就转化为国家的税收。土地财产的私人所有权对应的土地财产收益形式是地租；土地财产的国家所有权对应的土地财产收益形式是税收，而且所有的税收都应当是地租的转化形式。

以马克思主义经济理论为指导，许廷星教授提出了土地是国家存在的基本条件，国家依据主权所有的土地是国家获得财政收入的依据，国家所有的自然资源是国家征收资源税的依据等重要的现代国家税收思想。“按照马克思主义国家主权所有的含义，包括一国范围内的一切自然资源和社会财富。土地是国家存在的基本条件，没有土地，国家也就不存在。国家主权所有的土地，是国家通过赋税或土地税参与社会产品和国民收入分配的理论依据。国家主权所有的一切自然资源（地下资源和地上资源），是国家通过资源税参与社会产品和国民收入中级差收入分配的理论依据”[①]。这就把马克思关于土地所有权的实现形式——地租理论，应用到土地所有权国家所有的社会制度中，为国家征税提供了理论依据。

许廷星教授还将马克思主义财产权学说中土地所有权规律创造性地应用到国家财政分配理论方面，提出了国家依据主权所有的生产条件组织税收的思想。“国家代表整个社会进行的一切交通运输、能源等基础建设，以及一切公共工程和社会事业等，既是国家代表整个社会投资的国家所有，也是国家主权范围的所有。对于国家主权范围内的一切生产资料所有制经济活动生产的社会产品和国民收入，一切服务行业的经济收益和劳务收益，都包含有国家资源、国

① 许廷星，谭本源，刘邦驰. 财政学原论［M］. 重庆：重庆大学出版社，1986：39.

家建设所形成的级差收入，也包含着享受国家资源、国家建设条件形成的各种物质利益和文化利益。国家根据主权所有，通过各种税收参与其纯收入的分配”[①]。可见，这一思想是马克思主义财产权学说中土地所有权规律在财政理论的应用，是对马克思主义财产权学说的发展。

许廷星教授明确提出国家征税是国家行使主权的职能，本质上是依据国家主权所有而不是依据政治权力的强制征收。“国家行使主权参与整个社会产品和国民收入的分配与再分配是通过代表国家主权的各种税法来行使国家主权的职能的。如果认为这是国家行使上层建筑政治权力强制的征收，这是现象上的认识。从本质上来说这是依据国家主权所有在法制上的表现，是以国家主权所有为基础形成的财政属性分配关系”[②]。这就把国家税收建立在国家主权所有的生产条件基础之上，使国家税收理论更有说服力，同时，也澄清了财政理论上的一些模糊认识。

循着这一理论思路，我们可以对在社会主义市场经济条件下，国家拥有土地财产的所有权作进一步的阐释，对国家征税的依据作进一步的论证，进而为国家税收体制的改革和国有土地管理体制改革提供新的理论依据。

国家拥有的土地财产可以进一步划分为作为直接生产要素、间接生产要素的土地和作为间接生活要素的土地。国家依据对国有土

---

① 许廷星，谭本源，刘邦驰. 财政学原论［M］. 重庆：重庆大学出版社，1986：39.

② 许廷星，谭本源，刘邦驰. 财政学原论［M］. 重庆：重庆大学出版社，1986：39.

地资本的所有权、一般生产条件的所有权和一般生活条件的所有权，分别以国家土地资本股权收益、国家对企业征税和对社会成员个人征税的形式，获得国有土地财产收益。

直接生产要素收益表现为税收和利润两种形式。作为直接生产要素的国家土地财产，主要是指国家拥有所有权的可以作为生产资料投入物质资料生产经营过程的土地财产，包括：国家所有的各种自然资源即土地及其地上设施（建筑物、水利、电力设施等）占有使用权、矿产资源开采权、水、森林、山岭、草原、滩涂等资源利用权、野生动物捕猎权和渔业资源捕捞权、自然景观和历史人文景观资源开发利用权等。这些作为生产资料存在的国有土地财产直接构成了所有占有使用这些生产资料的企业生产经营的物质要素，是国家土地财产的具体表现形式，形成了这些企业生产经营成果的重要来源，存在着这些生产资料的国家所有者应当获得的生产资料的转移价值和剩余价值。国家依据对这些土地资本财产的所有权，拥有补偿价值和剩余价值的索取权。作为直接生产要素的国家土地资本财产所有权在经济上的实现形式，主要是国家作为这些直接生产要素的所有者应当获得的国有土地各种资源税（补偿价值形式）和企业所得税收入（投入收益形式）；国有土地财产直接作为资本使用，国家还应当获得国有土地资本占有使用权转让收入、采矿权转让收入、股息、红利等收入。

间接生产要素收益表现为企业税收形式。作为间接生产要素的国家土地财产，主要是指国家拥有所有权的可以作为一般生产条件的土地财产。一般生产条件涵盖的内容主要包括：政治安定、国家安全、法制健全公平等政治条件；社会秩序良好、文化教育广播、卫生体育福利、社会保障等社会条件；经济结构优化、经济总量平衡、经济稳定等宏观经济条件；道路、供水供电排水、环境保护、社会基础设施不断改善等基本外部条件。而这些一般生产条件是由作为土地的所有者——国家——提供的。这些一般生产条件之所以被列入国家土地财产范畴，是因为它们是国家主权的物质实体——国家所有的土地——派生出来的财产，它们表现为国家履行的各种政治的、社会的、法律的和宏观经济的职能，也可以说，它们表现为国家提供的各种公共的产品和劳务。这些作为一般生产条件存在的国家土地财产，虽然不直接参与所有企业的生产经营过程，但构成了所有企业生产经营活动的间接物质要素，同样也构成了企业生产经营成果的重要来源，存在着这些一般生产条件的国家所有者应当获得的一般生产条件的转移价值和剩余价值。国家应当依据对这些一般生产条件的所有权，拥有转移价值和剩余价值索取权。作为间接生产要素的国家土地财产所有权在经济上的实现形式，主要是国家作为这些间接生产要素的所有者应当获得的企业流转税（补偿价值形式）和企业所得税收入（投入收益形式）。

间接生活要素收益主要表现为个人税收形式。作为间接生活要素的国家土地财产，主要是指国家为全体社会成员提供的一般生活条件。这些一般生活条件表现为国家安全、国家机器正常运转和法律保障等政治生活条件；社会治安状况良好、文化教育体育广播电影电视业不断发展、卫生防疫保健福利体系的健全等社会生活条件；国民经济运行稳定较快发展、供求平衡、物价稳定、就业率提高等宏观经济生活条件；交通运输业发达、邮电通信事业发展、供水供电供气和排水系统不断完善、环境污染治理、基础设施完备等关系社会成员切身利益的微观经济生活条件。这些一般生活条件作为间接的生活要素参与了人们的生活，也参与了个人所得的形成过程。因此，存在着这些一般生活条件的转移价值和一般生活条件的投入收益。国家依据对这些一般生活条件的所有权，拥有转移价值和剩余价值索取权。作为间接生活要素的国家土地财产所有权在经济上的实现形式，主要是国家作为这些间接生活要素的所有者应当获得的个人所得税（投入收益形式）和其他个人税（补偿价值形式）。

马克思关于土地所有权规律的理论，为国家依据土地财产所有权以税收形式获得收益——也就是为国家税收——提供了重要的理论依据。因此，在土地所有权归国家所有的社会主义经济制度下，马克思的全部地租理论和土地所有权规律，实际上就可以理解为国家税收理论和国家税收规律。按照马克思的地租理论和土地所有权规律，国家设立的所有税种都应当以具有物质实体的、更为科学的和更有说服力的理论作为依据。“国家征税是凭借国家政治权力的强制征收”这一观点是我国财政理论界关于国家征税依据的一个重要观点。这一观点强调了国家征税的法律依据，但没有进一步揭示国家征税的本质特征。因此，国家税收不应当是“凭借国家政治权力”的强制征收，而应当是凭借国家拥有的土地所有权的强制征收。尽管国家要通过法律规定纳税人的纳税义务和规范国家税务部门的征税行为，但从根本上说，国家税收所依据的是国家对土地财产的国家所有权，即对一般生产条件和一般生活条件的国家所有权，而法律不过是保障国家土地财产所有权和收益权，以及规范国家土地财产所有者与资本财产所有者、劳动力财产所有者之间财产关系的形式。国家税收的本质特征是国家凭借拥有的国家土地所有权，为了满足国家履行各种职能的需要，通过法律规范纳税人纳税义务和国家税务部门征税行为，获得国家土地财产的收益。所以，所有的税收都应当是国家拥有的土地财产所有权在经济上的实现形式，所有的税收都应当从国家拥有的土地财产所有权方面找出其设立和开征的根据。

参考文献：

[1] 马克思，恩格斯. 马克思恩格斯选集：第 2 卷 [M]. 北京：人民出版社，1973.

[2] 马克思. 资本论：第 3 卷 [M]. 北京：人民出版社，1975.

[3] 许廷星. 关于财政学的对象问题 [M]. 重庆：重庆人民出版社，1957.

[4] 许廷星，谭本源，刘邦驰. 财政学原论 [M]. 重庆：重庆大学出版社，1986.

[5] 王国清. 财政基础理论研究 [M]. 北京：中国财政经济出版社，2005.

[6] 郭复初. 国家财务论 [M]. 成都：西南财经大学出版社，1993.

[7] 李松森. 两种属性分配理论与财政政策研究 [M]. 北京：中国财政经济出版社，1997.

[8] 李松森. 中央与地方国有资产产权关系研究 [M]. 北京：人民出版社，2006.

“国家分配论” 的现实意义

——纪念《关于财政学的对象问题》出版50周年

叶子荣[①]

【内容摘要】 在社会主义市场经济条件下，“国家分配论”仍然具有强烈的现实意义。世界上没有完全竞争的市场，混合经济体制需要以国家（政府）为主体的财政分配积极参与资源配置才可能实现资源配置的优化；中国市场经济改革中出现的“新三座大山”等现象表明，听任市场机制自发作用，削弱政府及其财政的资源配置功能，我们的改革就会出现偏差；在复杂的国际环境中，只有运用强有力的国家（政府）手段，有计划、有秩序的行动，才有可能走出一条跨越式发展的道路。因此，有必要结合中国市场经济改革以

---

① 叶子荣（1956—），重庆市丰都县人，毕业于西南财经大学财政税务学院，现在职于西南交通大学公共管理学院，经济学博士，教授，博士生导师。

及市场经济实际，深入研究并努力发展“国家分配论”。

【关键词】国家分配论　两种属性分配　许廷星 现实意义

1957年重庆人民出版社出版了我国著名财政学家许廷星教授的代表作——《关于财政学的对象问题》。《关于财政学的对象问题》一书的出版标志着一个全新的财政学理论——“国家分配论”的诞生。半个世纪来，“国家分配论”伴随着我国社会主义建设的发展而不断完善，并成功地指导了社会主义建设实践，成为我国财政学的“主流派”理论。在社会主义市场经济改革的大背景下，以西方市场经济为基础而形成的公共产品理论进入我国，并逐步得到人们的认同，同时，“公共财政”为我国财政改革目标也得到确认并取得了较大进展。在这一过程中，“国家分配论”似乎被人们淡忘几乎没有人提及。其实，只要我们以科学的态度认识财政与国家的本质联系，客观评析市场经济条件下政府的三大基本经济职能和“国家分配论”的科学内涵，静心考察中国30年改革中的政府及其财政的作为得失，一定会想起“国家分配论”，一定会认识到“国家分配论”的现实意义！

一、市场经济下财政的主体仍然是国家（政府）

马克思的再生产理论明确指出，国民经济按比例发展是任何社会化大生产的客观必然要求。尽管在如何实现国民经济按比例发展要求，亦即实现资源优化配置要求这一重大问题上，不同历史时期、不同阶级的经济学家有不同的实践认识、价值判断和理论评价；不同经济制度背景和经济条件下，可以有各种不同的方式方法。但归纳起来无外乎习惯、市场和计划三种机制。以传统社会习惯为资源配置方式主要存在于自然经济社会。随着经济发展和社会进步，“习惯”方式早已为人们所摒弃，于是，在人类近现代经济思想史上就出现了市场机制和计划机制两种配置资源的方式以及这两种孰优孰劣的争论，同时也依此而展开了以这两种配置资源方式为中心的种种实践。

市场机制在配置资源方面的作用曾一度被“神化”，以为只要实行市场经济体制，国家（政府）的角色就能是充当“城市警察”。生活在自由资本主义时期的古典经济学家亚当·斯密，首先提出“看不见的手”的原理，认为通过市场机制的自发作用，就可实现资源的优配置；后来，庸俗经济学家马歇尔则进一步把市场机制吹嘘为在任何情况都能够自发完成资源合理配置的灵巧机器；“萨伊定律”更是认定市场供给能够自动调节市场需求，只要市场机制有效并充分发挥作用，就不可能出现资源的错误配置。但是，无情的事实给“市场神话”打上了句号，1929—1933 年震惊世界的经济危机宣告了市场万能论的破产，主张政府（国家）积极干预、以财政政策为主要工具的凯恩斯主义应运而生，并得到最广泛认可进而演变为世界性的“凯恩斯革命”。此后，西方国家在重视财政政策工具的调控作用的基础上，很快发展为运用国有经济引导、影响、制约市场经济的运行，以国家为主体的财政分配的作用在资本主义世界得到空前重视和强化，其作用比过去任何时候都突出。

以马克思主义的科学社会主义理论为指导，以苏联社会主义实践为依据的计划机制也曾风行于社会主义阵营，以为当社会经济由公有制代替私有制后，社会生产内部的无政府状态将为有计划的自觉的组织所代替，政府运用计划机制通过财政配置资源能够最大限度地实现最优状态。于是，人类才在一定意义上最终地脱离了动物界，从动物的生存条件进入真正人的生存条件——“这是人类从必然王国进入自由王国的飞跃”①；于是，有计划、按比例发展国民经济成为社会主义公有制国家所特有的经济规律；于是，市场被视为异端甚至洪水猛兽而被排除在现实生活以外。但20余年的计划经济实践下来，人们几乎没有看到资源的优化配置，不断的“折腾”使众多社会主义国家几乎都被“短缺经济”困扰，不得不做出新的选择，以各种改革图新方式纷纷走上市场经济之路。

虽然至今学术界还没有得到一个统一的关于市场经济的定义，但从诸多关于市场经济的描述中我们可以作这样的归纳：市场经济是指以市场作为经济资源配置基础方式，具有开放、竞争、高效等特征的法制化经济。西方经济学家在漫长的市场经济实践中悟出了市场经济理论真谛，市场经济的充分竞争和“帕累托最优状态的实现”是以完全竞争市场为前提的：产品同质、不存在垄断、生产因素无约束流动、完全的信息、生产者和消费者行为的一致性、不存在外部经济、不存在规模报酬递增，等等。现实生活中完全竞争市场并不存在，市场机制是绝对的不完整，以“竞争失效”“公共产品供给”“外部性”“收入分配不公”等为主要内容的市场失灵现象无时无刻不呈现在人们面前——市场机制并没有书本中描述的那么好。改革中的社会主义国家在市场化道路上蹒跚前进，并不是一味

① 马克思，恩格斯. 马克思恩格斯全集：第20卷［M］. 北京：人民出版社，1972：308.

地采取"拿来主义"，绝不敢轻易放弃政府的职责。于是，东、西方诸多国家在现实中几乎是不约而同地选择"混合机制"——市场机制和政府机制的混合体，作为自己的资源配置机制。尽管世界各国的混合经济模式多种多样，一些国家主张的市场因素要多一些，一些国家主张的政府因素要突出一些，但是，在混合机制中，社会处理经济问题的方法为市场手段和政府手段的结合；社会经济活动不仅要满足个人经济目标，而且要满足某些公共目标；社会经济活动不仅取决于个人的经济决策，而且还必须取决于以政府为代表的公共经济决策。由此，就产生了学术界公认的政府的三大经济职能：资源配置、收入分配、稳定经济。政府在行使这"三大经济职能"中，我们无论如何也没有办法排除财政的重要作用，财政的本质是以国家为主体的分配关系不容置疑。

"国家分配论"正是在这种背景下产生和发展的。许廷星教授深究人类社会各种历史形态的政府财政关系后精辟地指出，财政的本质是"人类社会各个发展阶段中国家对社会的物质资料的分配关系"[①]，由此奠定了著名的"国家分配论"。20 世纪 80 年代中期，许廷星教授进一步发展了自己创立的"国家分配论"，认为"财政学研究国家参与社会产品和国民收入分配与再分配过程中出现的分配关系。……财政是从经济属性的分配关系中分离出来的特殊分配关系，……财政分配运动在经济领域和非经济领域出现的分配关系，是财政学的研究对象""企业（国有）经济财务是整个国家财

① 许廷星. 关于财政学的对象问题［M］. 重庆：重庆人民出版社，1957：33.

政的组成部分……具有经济与财政的二重性……既具有财政分配关系属性，又具有经济分配关系属性”①。至此，“国家分配论”不仅明确了财政是国家为主体的分配关系，而且还进一步揭示了社会主义财政分配中“两种属性的分配关系”，以及正确处理“两种属性的分配关系”的基本理论，从而完善了“国家分配论”理论体系。只要我们准确地认识“国家分配论”的科学内涵，其现实学术意义便一目了然。尤其是在许廷星教授“国家分配论”理论体系中，“两种属性分配”理论是对财政理论的又一大贡献。在市场经济环境中的西方发达国家特别是西欧国家，国有经济成为政府有效配置资源的重要机制。比如英国、法国等西欧国家，非常重视国有经济在实现政府经济职能方面的作用，政府积极的国有经济投资以及对国有经济的政策调整，较好地发挥了国有经济在市场经济中的制导作用。结合中国以社会主义公有制为主体的市场经济特点，完善和强化国有经济建设，发挥财政分配中经济属性分配的重要作用，保障社会主义市场经济改革顺利推进。“国家分配论”中的“两种属性分配”理论的现实意义则不言自明。

二、中国的市场改革需要强化国家分配主体的功能

对于社会主义市场经济，龙永图先生曾经做过精辟的阐释。他认为，我们搞市场经济在于引入竞争，因为没有竞争就没有经济发展。但是，必须兼顾在竞争过程以及竞争以后所产生的负面影响，

---

① 许廷星，谭本源，刘邦驰. 财政学原论［M］. 重庆：重庆人民出版社，1986：76—77，83—85.

兼顾那些弱势群体，必须坚守市场经济中的社会公正和社会分配的平等，这就是社会主义市场经济。这一阐释与吴敬琏教授、董辅礽教授早就提到的“社会主义市场经济就是市场经济＋更大的社会公正”的认识完全一致。中国改革的理论先觉者们早就认识到中国社会主义市场经济的要旨，改革实践中人们心中牢记这一要旨，希望中国的改革在充分满足“市场经济”和“更大的社会公正”的基础上展开。

“贫穷不是社会主义”，实现“更大的社会公正”需要强大的物质基础，加之中国的改革是在经历十年浩劫、国民经济濒于崩溃的情况下起步的，所以必须把发展生产力放在首位，必须把效率放在首位，遵循“效率优先、兼顾公平”的原则。不容否认，30 年的改革取得的辉煌成就举世瞩目，中国正在朝着经济大国迈进，人民生活水平大幅度提高，全面小康指日可待。同时，中国的改革是一项前无古人的伟大变革，“摸着石头过河”有风险，摸不着石头也要过河的风险更大，改革难免出现曲折。引人注目的是 21 世纪以来，教育、医疗、住房改革成为中国社会关注的热点。2006 年“两会”期间，看病、入学、住房问题集中爆发，跻身为现今民众最关注的最重大社会问题之首，被称为压在百姓头上的“新三座大山”。为什么经过 30 年市场经济改革，社会财富已经日渐丰富，在人们眼里，到处是医院，遍地是高楼，四处是学校，还会出现普通老百姓“看病难、住房难、上学难”这些让升斗小民揪心的问题？面对那些越来越豪华的住院部、门诊楼，那些规模庞大且越来越现代化的学校，那些鳞次栉比且越来越气派、宽敞、舒适的豪宅与“教育把父母逼疯，住房把钱包掏空，医疗把生命送终”的强烈反差，不可避免地要将人们的思考引向对中国的教育、医疗、住房市场化改革制度设计的利弊得失问题上。

“教育产业化”“医疗市场化”“住房商品化”的改革方案是需要反思的。中国的市场化改革不能放任市场万能倾向。尽管竞争是市场经济的灵魂，但是，个人利益与社会利益是不可能实现天然和谐的，竞争是有条件的，更需要节制。“新三座大山”的背后，是放任市场的自发和盲目所带来的危害，是政府财政投入的严重不足。教育、医疗和房价三大问题完全是关系民生的三大基本问题，在国外传统的社会主义国家或发达资本主义国家，教育、医疗、住房属于社会福利范畴，没有完全市场化甚至没有市场化。无论是从政治、伦理的角度还是从经济学的“利益外溢”或“人文关怀”的角度，政府都应当在相当程度上承担教育、医疗、住房等方面的责任。特别是目前中国的教育、医疗机构几乎还是清一色的公立机构，中国的土地所有权属于国有，私人资本进入这些领域有很大的难度，只有在政府管理松懈的情况下私人资本才有可能在这些领域肆意横行。

如果说“新三座大山”现象是具有公共福利性质方面的市场化改革出现偏差的话，那么，2007年12月18日央视《经济半小时》针对我国东北一些大中城市出现豆油价格飞涨和抢购风，以“中国大豆产量锐减致使食用豆油价格大幅上涨”为题报道了事件及其背景，应该使人们顿悟市场经济的险恶和政府干预市场的必要。国际粮商、油商依靠其经济实力操纵国际大豆收购市场，造成价格剧烈波动。一方面，使得中国豆农对种植大豆丧失了信心，种植面积锐减，国产量远远低于进口量；另一方面，又清洗了中国大豆加工市场，使中国依靠进口大豆进行加工的企业几乎全军覆没。外资则通过建立、兼并大豆加工企业，逐渐左右了中国大豆市场，完成了对中国榨油企业的市场整合。国产大豆逐步失去了生存空间和价格决定权，大豆价格一旦出现波动，受影响的不只是农户和加工企业，更要命的是食品安全。中国是大豆的故乡，现在却成了进口大豆的天下，国人吃点豆腐和豆油还得看外国人的脸色，延续几千年的传统优势谈笑间荡然无存，多么恐怖！

中国市场的大门已经开启，不可能再关上，唯一的选择是集中自己的力量，整合优势资源。现在的关键是谁来负起责任，中国的大豆加工商们在企盼着。可见，在市场经济的“丛林中”，国际资本是绝不会对弱者大发慈悲，在“西化”“分化”氛围中的中国现代化，犹如在群峰间的崎岖深谷中前行。只有利用由国家代表和集中体现全体人民的意志和力量，运用强有力的政府手段，有计划、有秩序的行动，才有可能走出一条跨越式发展的道路。

社会主义市场经济的改革方向没有错，只有坚持深化改革，才能解决改革进程中出现的问题。让人感到欣慰的是，我们的政府已经认识到这些问题，并采取了果断措施。党的十六大以来中央突出了公平原则的地位，党的十七大强调国家要管初分配不能放任市场行为；这一期间，政府决定免除义务教育阶段学生学杂费，对农村义务教育实行“两免一补”政策；高等教育产业化倾向得到纠正，并对遗留问题进行清理；在中央财政的支持下，农村新型合作医疗保障制度推进迅速；城市平价医院的建设正在顺利推进；2007 年下半年以来政府对房地产市场的宏观调控已经显现成效；各地政府积极组织经济适用房、廉租房的建设……事实表明，着眼于“又好又快”发展的中国经济改革正在向着实现“更大的社会公正”方向调整，国家分配主体的功能已逐步得到了强化。

三、“国家分配论”是发展的理论

虽然“国家分配论”诞生于计划经济时期，依附于当时的经济运行机制和经济管理体制，服务于计划经济，被打上了计划经济的印记，但从根本上讲这不是“国家分配论”的错——毕竟财政是为国家实现其职能服务的。相比于产生于苏联的“货币关系论”，“国家分配论”准确地揭示了财政分配的本质。

“国家分配论”作为科学的财政基础理论，应该是发展的，需要与时俱进——根据社会经济实践的变革和发展而不断推陈出新。

在社会主义市场经济已经深深植根中国现实的今天，我们应当科学构建政府与市场关系，准确界定政府职能（包括中央政府与地方政府以及地方各级政府间的职责界定），并根据我国30年市场改革后的现实，彻底摒弃“国家分配论”理论体系中的“一大二公”“统收统支”“大包大揽”内容，注入公共经济理论，完成财政收入理论、支出理论、国债理论和预算及其管理理论的改造；用市场经济下的宏观调控理论置换传统的财政管理理论、财政综合平衡观念、财政赤字观念、国家信用观念等，大力发展“国家分配论”。

此外，基于对中国以社会主义公有制为主体的市场经济的理解和对中国市场经济改革的国家环境的认识，还应借鉴西方发达国家政府通过国有经济制导市场经济运行的成功经验，深入思考和研究如何运用国家（政府）经济属性分配直接配置资源，引导市场主体的行为，调控经济运行。在我国近十年的市场调控实践中，我们发现运用货币政策的效果不如西方市场经济国家，也没有真正达到预期效果；虽然积极财政政策的成功实施似乎表明财政政策在中国比较有效，但也没有想象的那么好，而财政政策毕竟存在较大的局限性。那么，我们为何不把公有制经济基础打造成为政府宏观调控的平台和工具呢？在以公有制为主体的市场经济条件下，中国政府完全有必要运用其对国有经济的掌控，将国有经济构造为政府宏观调控的手段，从而使国有经济成为政府在财政政策工具、货币政策工具之外的第三大宏观调控工具。这样，中国政府对市场化改革的驾驭、调控会更加灵活、有效，更能把市场化改革的风险控制在最低限度，以保障中国经济实现“经济效率＋更大的社会公正”而得到又好又快的发展。这也是发展和完善“国家分配论”的又一重要方面。

深切怀念“国家分配论” 创始人许廷星教授

王亘坚

许廷星教授是我国经济学界的著名学者，是一位享有崇高威望的教育家，是我国财政学界的理论巨匠，是被誉为主流学派的“国家分配论”的创始人。

远在20世纪50年代，我国学术界按照“一边倒”的指示，一切照抄苏联，财政学界也不例外。例如，当时苏联财政学界流行的货币资财论和货币关系论，中国财政学界也多半照搬，而不敢提出质疑。但是许廷星教授却不唯上，坚持实事求是独立思考的精神，率先创建了国家分配论，并在1957年出版了专著《关于财政学的对象问题》，系统地阐述了这一论点和论据，这在当时应当说是一股清泉、一股难得的新风。后来经过半个世纪的沧桑，国家分配论仍被许多财政学家赞同，并被誉为主流学派。这是许廷星教授的一大贡献。

其实，我并不是国家分配论的信奉者和“派内人”。但是，我对许廷星教授的实事求是、独立思考、不随波逐流、创造性精神却是非常崇敬的。我想，学术研究应当是极为严肃的事，必须从实际出发，经过认真的分析综合，反复考证，有理有据地提出自己的论点，而不是人云亦云地随大流。同意或不同意一种观点，都应当经过认真地分析研究，反复思考，看它是不是符合实际，是不是符合逻辑，是不是真有道理，而不应不经过认真识别，轻率地、简单地加以否定或肯定。同时学术研究也不应当拘泥于一种观点、一种声音，只要言之成理，持之有据，就应当允许百家争鸣，自由讨论，如此才能促进科学进步和理论创新，发现和发展真理。遗憾的是，这种独立之精神，自由的思想在20世纪50年代却被严重扼杀了。在当时，不同意苏联专家的意见就可能被“上纲上线”，扯到“对苏联的态度”上。在这种气氛中许廷星教授却不畏艰险、不辞辛苦、刻苦钻研、理直气壮地发表了自己的科学论断，实在是难能可贵，令人敬佩。

世界上没有放之四海而皆准的理论，也没有永远有效的学说。客观世界在不断变化，人们的认识也在不断深化，所以，什么观点，什么学派，都不可能永垂不朽，更没有哪一种思想是不落的太阳。理论工作者就应该不断地深入发展变化着的实际，使自己的认识跟上实际。与此同时，学术界同仁也应当互相勉励，取长补短，共同提高。

我以为，我们今天纪念许廷星教授的专著发表50周年，重要的不在于如何推崇赞美他的论点，而在于学习他那严肃认真、勇于探索、不畏艰险、执着追求、坚持真理的精神。

探索真理　孜孜不倦

——忆我国著名财政学家、教育家许廷星教授

刘邦驰

许廷星，1913年出生于四川省乐山县（今乐山市），历任西南财经大学财政系、财政税务学院教授、博士生导师，曾长期担任西南财经大学财政系主任、校学术委员会和校学位委员会委员。同时，他还兼任国务院学位委员会经济学科评议组成员，中国财政学会理事、常务理事，中国经济杠杆研究会干事，四川省财政学会副会长，四川省经济学会理事。他1945年加入民建，1949年加入民革，是四川省政协各届委员，任民革中央第五、第六届团结委员会委员，民革成都市主委、成都市政协副主席等职。

许廷星从20世纪50年代初到1997年9月辞世，在长达近半个世纪的教学生涯中，以其渊博的财经知识，严谨的学风和为人师表的高尚品质培养和影响着一届又一届学生。他的学生遍布全国各

地，其中许多学生已成为我国经济理论界的知名教授和政府部门的领导。由于许廷星在教育领域所做出的突出成就，曾被国家教委和人事部评为“全国优秀教师”，被四川省教委评为“优秀研究生指导教师”，以表彰他为我国教育事业的发展所做出的重要贡献。

许廷星的一生，是为我国财经理论探索真理、孜孜不倦和教育事业发展艰苦奋斗的一生。他虽然离开我们已经整整十年了，但他在财政经济理论研究方面的开拓创新精神，在教学中的严谨治学态度，诲人不倦的师德风范、优秀品格，不仅使西南财经大学学子充满了无限敬意而且使我国当代财政学界的精英也无不为之景仰并引导和激励我追寻他的学术研究和治学旅程。

一、圆梦川大经济系

许廷星 1928 年小学毕业进入乐山县初级中学，1934 年考入四川省立成都中学，高中阶段课程学习成绩一直良好，并对经济问题表现出极大的兴趣和较高的悟性，萌生了做一名经济工作者的理想。1937 年许廷星高中毕业顺利考入四川大学法学院经济系，圆了他进入高等学府系统学习经济基本理论、基础知识，聆听校内外资深学者真理之声的梦想。他的这一选择使他与经济学结下了不解之缘，为他人生坐标的定位和前进的方向奠定了基础。

许廷星大学就读期间，广泛涉猎各种书籍，成了四川大学图书馆的常客。但他并不沉溺于书本，总是把目光投向社会，投向国内外政治经济形势，审时度势地探索分析问题，获得老师们的普遍赞赏。1941 年大学毕业，由于在校期间学习成绩优秀，受到各经济用人部门的青睐，受聘于重庆四川省银行经济研究处，参与编辑出版《四川经济季刊》《四川经济汇报》，开始了他的经济研究生涯。抗日战争胜利后，许廷星又兼任重庆相辉文法学院经济系及重庆正阳法商学院经济系副教授，主讲财政学、高级财政学、货币银行学等财政金融专业课程。与此同时，他还兼任重庆《大公报》《商务日报》和《国民公报》的编辑和主笔，为其撰写财政经济专论、社评等，并为重庆、上海有关的财政金融杂志如《财政评论》《银行周报》等撰写财政、金融方面的论文。在长期的经济研究和教学中，他对国民党政府发动内战时期的财政金融危机及其政策，比如财政政策、货币政策，以及为“四大家族”服务的外汇政策等发表了大量文章进行揭发和抨击，在当时的西南地区产生了较大影响。

二、创立国家分配论

新中国成立后，许廷星参加西南财政经济委员会的经济计划工作，开始了社会主义经济问题的研究，这在他学术观点的发展上是一个关键时期。1953 年许廷星调到四川财经学院（西南财经大学前身）从事教学和科学研究，他的财政经济学术观点的形成又进入了一个新的发展阶段。许廷星在他的经济理论研究中，最突出的特点就是坚持理论密切联系实际，教学和科学研究相结合，科学研究为社会主义经济建设服务，为教学服务，主张从中国的具体情况出发，坚持真理，勇于开拓创新，不断提出自己的独到见解，写过许多很有创新性的经济论文和评论。许廷星自己撰写或与其他学者合作出版的主要论著有《关于财政学的对象问题》（重庆人民出版社，1957 年）、《财政学原论》（重庆大学出版社，1986 年）、《社会主义财政学》（四川教育出版社，1987 年）、《社会主义商品经济与财政信贷问题》（西南财经大学出版社，1987 年）等。

财政的本质和财政学的研究对象，直接关系到财政学的理论体系和研究方向，关系到一定社会生产方式下国家分配的性质、财政范围、职能、作用和任务的界定，还进一步涉及建立什么样的财政政策和财政制度等一系列重大问题。苏联财政学界把“货币关系”作为财政的本质，并建立了相应的以货币关系为核心的财政理论体系。我国 20 世纪 50 年代财政学界也比较流行“货币关系论”。在《关于财政学的对象问题》一书中，许廷星认为财政学不能只在货币形式上研究问题，而应当深入国家参与社会产品和国民收入分配过程所形成的分配关系中去研究财政领域的特殊矛盾，并以参与分配的主体为标准，把社会再生产中的分配区分为经济属性的分配和财政属性的分配两大类型，从历史发展过程详细分析论证了财政的本质问题，于 1957 年在国内首次明确提出了“财政学的对象是国家关于社会产品或国民收入分配与再分配过程中的分配关系”[①] 及其理论体系的全新见解，即“国家分配论”或称“国家分配关系论”。许廷星的这一创新性的研究成果，对财政基础理论从货币关系的圈子脱离出来研究人们物质利益的分配关系，是一项重大财政经济基础理论的突破，引起了广泛的反响，获得了学术界的高度评价。国内著名专家学者认为把“分配关系分为社会经济分配关系和国家职能所发生的分配关系（也就是财政的分配关系）”“财政学的对象应是客观存在的财政分配关系”“把财政同国家的职能相联

① 许廷星. 关于财政学的对象问题［M］. 重庆：重庆人民出版社，1957：5.

系，由此来规定财政学的对象，其基本方向是正确的”[①] 认为“‘分配关系论’的提出，对于财政本质的探讨作出了重要的贡献。它克服了货币关系的缺点，解决了货币关系论不能解释的若干重要问题。他们关于财政同国家为实现其职能参与社会产品分配的关系的论点，是同马克思关于捐税的本质的分析相符合的”[②]；指出“‘国家分配论’是我国财政学界在50年代经过一代人的努力……它的主要贡献在于，一方面搞清了财政分配的对象是社会总产品和国民收入分配及再分配；另一方面弄清楚了分配关系属于经济基础，分配方式和分配活动……属于上层建筑反作用于经济基础的能动形式，同时也揭示了财政分配方式在不同的生产方式条件下具有特殊的运动方式”[③]。

许廷星所创立的“国家分配论”，在老一辈财政学家的积极支持、倡导和坚持下，经过几代人的共同努力和不断充实发展，已被国内学术界绝大多数学者、专家接受，形成共识，成为新中国现代财政学基础理论的主流学派，在国内财政基础理论研究中曾经长期居于支配地位，对指导财政工作实践做出了巨大贡献。

许廷星合作所著的《财政学原论》是他财政理论研究成果的又一重要体现。这部著作以马克思财政与经济关系的基本原理为指

① 王传纶. 财政学对象问题的探讨［J］. 中国人民大学：教学与研究，1958（7）.

② 李成瑞. 从实践中的若干体会来谈社会主义财政的实质和范围问题［M］//中国财政金融学院. 财政学问题讨论：上册. 北京：中国财政经济出版社，1960：50.

③ 许多. 广义财政学体系初探［J］. 财政研究，1996（3）.

导，紧密结合中国社会主义建设实践，运用马列主义的观点和方法，对新时期我国财政学科领域出现的重要理论问题，比如社会主义财政学研究的对象，社会再生产过程中的积累和分配的诸经济关系，财政平衡与国民经济总体平衡、各级财政平衡、银行信贷平衡之间的关系以及财政预测等一系列财政学科理论问题进行了深入系统的讨论，提出了不少具有独创性的见解，博得学术界的好评。

三、提出赤字临界点

财政赤字和通货膨胀的关系，一直是中国财政金融学界讨论的热门话题，也是困扰中国经济社会发展的两个重大理论与现实问题，其主导观点是“财政赤字必然导致通货膨胀”，而许廷星历来就不赞成财政赤字必然导致通货膨胀的观点。1982 年他在《财政赤字与经济建设》一文中，对当时理论界一些同志把财政赤字与通货膨胀等同起来的观点提出了不同意见，认为：①有了财政赤字，不一定要增加货币发行，比如财政出现赤字，如果用过去的财政结余或发行国库券来平衡，就不会增加货币发行，不会引起通货膨胀；②有的赤字，即使是在向银行透支弥补条件下，增加了货币发行，导致物价局部上涨，也不能说是通货膨胀；③财政赤字与通货膨胀之间有一个临界点，只要增加的货币发行量低于财政赤字的数量，物价上涨幅度低于市场货币流通量增长的幅度，就不会造成通货膨胀。这就是财政赤字与通货膨胀之间的临界点。只要不超过两者关系的临界点，就不会引起通货膨胀。许廷星认为防止通货膨胀，应当从控制货币供应量和调整国民收入的分配关系入手才能收到较好的效果。因为通货膨胀的表现在于货币供应量过多，从而引起物价的大幅度上涨。同时，还由于国民收入分配不合理，财政收不抵支缺口过大，也会加大银行信贷的压力，迫使银行增加货币供应。

许廷星在财政理论研究方面的卓越成就，使他在国内学术界享有很高声望。但是在学术问题上，他从来不以权威自居，不摆权威架子，不搞学术专断，总是与同志们平等地进行讨论，注意吸取各家之长、补己之短，借以不断提高自己，不断完善和充实自己的研究成果。

四、严谨的治学精神

许廷星一生主要从事高等教育事业。他教书育人，治学严谨，笃行不倦，为国家培养了大批财政经济专门人才，倾注了满腔的心血。为了培养出德、智、体全面发展的高质量的经济学博士，他一贯主张在招生问题上严把质量关，选好苗子，坚持高标准、严要求，宁缺毋滥。在思想政治方面，注重考察考生的政治立场和态度。在专业知识上不是仅凭一张试卷定录取，而是对考生进行综合性的考察，分析其治学和研究能力，避免出现高分低能情况。学生录取入学后，他经常提醒学生要有正确的价值观和人生观，明确自己学习的目的是为社会主义建设服务，强调教书与育人并重。他特别注重通过各个教学环节使学生具有宽广的基础理论和系统深入的专业知识。

令人欣慰的是，由于在思想政治上加强对学生的教育，在专业知识培养上坚持各个教学环节的高标准、严要求，注意启发学生思考现实经济问题，培养学生独立钻研精神，鼓励学生大胆思考、勇于创新，许廷星教授培养的博士生在基础理论和专业知识结构方面都达到了较高的水平，毕业的学生在各自的工作岗位上都取得了很好的成绩，许多人已成为单位的领导和骨干力量。

许廷星简介

民革西南财大支部

许廷星教授

（1913—1997）

许廷星，1913年2月出生于四川省乐山县（今乐山市）。1941年毕业于四川大学经济系，曾就职于四川省银行经济研究所，从事经济研究工作。新中国成立后，历任西南军政委员会财贸处副处长，物资计划处处长，西南财经大学教授、博士生导师、财政系主任，民革成都市主委，成都市政协副主席等职。许廷星教授是著名财政学家，在长达50多年的财经理论教学和学术研究工作中，许廷星教授勤于探索，治学严谨，为我国的财经理论尤其是财政理论建设做出了重大贡献。他培养了大批德才兼备的本科生、硕士生和博士生，深得学生和社会各界的爱戴。许廷星教授于1997年9月不幸病逝。

带着对理论研究的偏爱离开行政工作

许廷星教授1941年从四川大学毕业后，就职于四川省银行经济研究处，从那时起就开始从事经济理论研究工作。

抗战胜利后，许廷星教授兼任重庆相辉文法学院经济系和重庆正阳法学院经济系副教授，讲授“货币银行学”“高级财政学”等课程，同时还兼任重庆《商务日报》《国民公报》的编辑、主笔，为两报撰写经济专论和社论，并为上海《财政评论》《银行周报》等杂志撰写金融和财政方面的文章。在这期间，他与当时的其他社会进步人士一起，运用马克思主义的立场、观点和方法研究中国的现实经济问题，对国民党政府发动内战时期的财政金融危机、财政金融政策以及为“四大家族”服务的外汇政策等发表了大量文章，进行揭露和抨击，在当时的西南地区产生了较大影响。

新中国成立后，许廷星教授接受组织安排，先后担任西南军政委员会财政经济委员会财贸处副处长、物资计划处处长等职。但是，他对理论研究工作一直有着一种执着的热爱，在参加国民经济恢复时期的工作中，更是深深体会到社会主义经济建设离不开经济理论的指导。由于国民党的腐败和长期战乱，全国刚解放时，整个国民经济一片混乱，生产极度萎缩，恶性通货膨胀，不法资本家囤积居奇，哄抬物价。为了尽快稳定社会，恢复经济，中央人民政府做出决策，果断采取了以下3项重要战略措施：①统一全国财政，实现财政收支平衡；②统一全国物资调度，控制重要物资的供应；③统一全国现金管理，控制货币流通。这 3 项措施的实行，使我国当时的社会经济状况迅速好转，延续了 12 年的恶性通货膨胀得到了遏制，市场物价趋于稳定，这就为第一个五年计划的顺利完成奠定了基础。在参加上述国民经济恢复时期的工作中，许廷星教授常常在思考一些问题，例如，这三大措施能使国民经济迅速趋于好转，为什么在国民党统治时期几十年都办不到的事，新中国短短三年就办到了？这些问题促使他去思考，希望能在理论上给以回答，从而激发起了他对经济理论研究的浓厚兴趣。应该说，这是许廷星教授 1953 年离开行政工作，到四川财经学院（现西南财经大学）从事教学和研究工作的一个重要原因。

在财政学界创立著名的“国家分配论”

关于财政的本质和财政学的研究，长期以来一直是国内外学术界争论较大的问题。对于这一问题，新中国建立后我国学术界主要运用苏联的观点，当时我国主要是学习苏联，一切以苏联为样板，不但在经济建设上依赖苏联，就是在经济理论上也是照搬苏联的理论。当时苏联著名财政学家阿·亚历山大洛夫、阿·毕尔曼等都认为“财政学是研究货币关系的理论”。根据这一理论，我国经济学界当时也认为财政的本质是“货币运动”，财政学研究的对象是“货币关系”。

经过数年的理论研究，许廷星教授认为，货币关系只是货币职能的表现形式，不能反映财政的本质，财政本身是一种分配关系，必须从再生产的分配关系入手研究财政的本质。而再生产中的分配关系包括两大类：一类是以生产资料所有者为主体的分配，另一类是以国家为主体的分配。前者是经济属性的分配，后者是财政属性的分配。他进而认为，财政是以国家为主体的一种分配关系。财政的本质是国家凭借其主权，参与社会产品和国家收入分配过程所形成的分配关系。财政学的研究对象正是这种以国家为主体的财政属性的分配关系。

对于上述“国家分配论”的观点，许廷星教授在1957年出版的《关于财政学的对象问题》一书中作了系统论述。“国家分配论”提出后，我国学术界展开了长时期的争论，后来逐渐得到理论界的认同。到目前为止，这一理论在财政学界仍处于主导地位。许廷星教授也因创立了这一著名的理论而得到财政学界的拥戴。

对两种属性分配关系的开创性研究

在我国过去的计划经济下，由财政代表国家参与国有企业的收入分配过程，因而在理论界往往把财政分配与国有企业分配混为一谈。对于这一问题，许廷星教授在《关于财政学的对象问题》一书中提出了独到的见解。他将社会再生产中的分配关系区分为经济属性的分配和财政属性的分配两类，经济属性的分配以生产资料所有者为主体，财政属性的分配以国家为主体。进入20世纪80年代以后，许廷星教授又对上述观点作了更深入的阐述。他在《财政学原论》一书中认为，“财政分配是随着历史的发展，从经济分配中分离出来的，逐步形成了与经济分配相对独立的一种分配关系”“经济分配是以生产资料所有者为主体，凭借生产资料的所有权，对生产的社会产品和国民收入进行分配。财政分配则是以国家为主体，凭借国家主权对社会经济生产的社会产品和国民收入，参与分配其一部分。国家在参与社会产品和国民收入分配的过程中所形成的这种分配关系，正是财政学的研究对象”。这就从财政分配与经济分配的关系上进一步明确了财政学的研究对象和范围。

许廷星教授在研究两种属性的分配关系中，又根据生产资料所有制的不同，进一步研究了两种分配关系间的同一性和特殊性（即两者间的共性与特点）。他认为，对于国有企业，由于两种分配关系的主体都是国家，因此两者间既有同一性也有其特点。而对非国有企业，则两者只存在特点而不存在共性。

许廷星教授关于两种属性与分配关系的共性与特点的研究，为国有企业正确组织税收与利润两种形式的分配，以及经济体制改革过程中实行的“利改税”、税利分流等财政体制改革提供了理论依据。对于深化财政分配关系改革，不断完善财政运行机制，理顺国家、企业与职工个人之间的经济利益关系有重大的实践意义。这是许廷星教授在财政理论研究方面的又一贡献。

对财政赤字与通货膨胀问题的深入研究

在过去的十几年中，财政赤字和通货膨胀是困扰我国社会经济的两个重要问题，也是财政金融学界研究的热门课题。对于这一问题，许廷星教授早在20世纪80年代初就做了深入的研究，提出了不少独到见解。

许廷星教授认为，通货膨胀是纸币发行过多导致物价较大幅度上涨的一种经济现象，所以，分析财政赤字是否会导致通货膨胀，就是分析财政赤字对供应量和物价上涨的影响，而不能简单地断言财政赤字就必然会出现通货膨胀。早在1982年他发表的《财政赤字与经济建设》一文中，就对当时理论界一些学者把财政赤字与通货膨胀等同起来的观点提出了不同意见。在那篇文章中，他从以下三个方面论述了财政赤字不等于是通货膨胀的观点。第一，有了财政赤字，不一定要增加货币发行。如果财政赤字是用过去的财政结余或发行短期国库券来平衡，则不会增加货币发行，不会引起通货膨胀。第二，有了财政赤字，即使是向银行透支弥补，增加了货币发行，但如果增加货币发行的幅度不大，只导致物价局部的轻微的上涨，这也不能说是通货膨胀。第三，财政赤字与通货膨胀之间有一个临界点，只要增加的货币发行量远低于财政赤字的数量，只要物价上涨的幅度远低于市场货币流通量增长的幅度，这种财政赤字就不会导致通货膨胀。这就是说，判断财政赤字是否会引起通货膨胀，就要分析增加货币发行的数量是否超过财政赤字的数量，以及物价上涨幅度是否超过货币流通量增长的幅度，这就是财政赤字与通货膨胀的临界点。

在上述研究的基础上，许廷星教授进一步认为，过去一些年份我国之所以会出现严重的通货膨胀，原因之一正在于财政赤字的数量过大，超过了临界点。在部分年份，由于国民收入分配关系不合理，财政收入占国民收入的比例下降过快，因而使财政收支出现了很大缺口。为了弥补财政收支的缺口，除大量发行国债外，每年仍有几百亿元赤字，这部分赤字只能通过向银行透支弥补。在银行信贷收支本身就难以平衡的情况下，财政向银行大量透支的结果，必然增加货币发行，这是导致通货膨胀的一个重要原因。

在弄清财政赤字与通货膨胀关系的基础上，许廷星教授进一步论述了防止通货膨胀的对策。他认为，我国的货币供应主要是通过银行信贷和财政收支两个渠道形成的，所以，控制货币供应量，防止通货膨胀就应从银行信贷和财政收支两个渠道努力。①从银行信贷方面控制通货膨胀关键在于转变经济增长方式，即由过去的粗放式经营向集约式经营转变。近些年来我国经济运行中存在的严重问题是企业过多地强调产值增长速度，不注意提高效益。这种粗放式增长方式要求大量投入资金，从而给银行信贷形成很大压力，迫使银行信贷不断膨胀，这是前些年我国出现通货膨胀的一个重要原因。所以，要防止银行信贷的过快增长和通货膨胀，必须改变粗放式的经营方式，注意提高经济效益。②从财政方面控制货币供应关键在于调整国民收入的分配关系，提高财政收入占国民收入的比重。目前，我国社会主义市场经济体制还很不完善，市场的调节功能还不能充分发挥，因而很大一部分经济职能和社会性事务还得继续由政府承担。政府要承担这些事务就需要相应的财政资金，这就使得我国的财政资金需要量仍然很大。此外，由于国民收入分配关系不合理，财政收入占国民收入的比例不断下降，财政收不抵支的缺口一直很大。为了弥补巨额的财政赤字，除大量发行国债外，还得向银行大量透支。这必然会加大银行信贷的压力，迫使银行增加货币供应。所以，要控制通货膨胀，除控制银行信贷规模外，在财政方面应通过国民收入分配关系的调整，提高财政收入占国民收入的比例，减少财政赤字。

荣获“全国优秀教师”“优秀研究生指导教师”称号

在长达50余年的高校教学生涯中，许廷星教授始终忠诚党的教育事业，尽职尽责，以极大的热情投入教学和教学管理工作。他对自己的学生在学业上严格要求，在生活上则给以慈父般的关怀，深得学生的爱戴。

许廷星教授认为，教师的职责不仅仅是教书，而应把教书与育人结合起来。他深深地知道，作为财经专业的毕业生投身社会后大多从事经济管理工作，良好的道德品质和敬业精神，对做好本职工作至关重要。所以，他在教学中很注重对学生进行品德教育，教育学生要热爱祖国、热爱人民、克己奉公，加强道德修养，这对学生的全面发展起了很重要的作用。

在课堂教学和研究生的指导工作中，许廷星教授始终注意启发学生独立思考，鼓励学生敢于研究新问题、提出新观点。虽然他在财政学领域有很高的造诣，但他从不以权威自居，而是与学生开展平等的学术探讨，为学生创造一个知无不言、大胆探索的良好学术环境。

许廷星教授对学生在生活上体贴入微、问寒问暖，在学业上则严格要求、一丝不苟。为了向学生阐述某个学术观点，他总是大量查阅资料，旁征博引，透彻分析。对学生提供的论文，他总是认真审读，仔细批改。即使躺在医院的病榻上，在他生命的最后时刻，他都念念不忘博士生的培养和论文修改，使学生无不为之感动。

正由于许廷星教授对学生谆谆教诲，精心培养，严格要求，因而他指导的博士生和硕士生都达到了较高的学术水平。许多毕业生在各自的工作岗位上做出了很好的成绩，成为单位的骨干力量。他本人也因教学成绩突出，1990 年被国家教委和人事部评为“全国优秀教师”，1992 年被四川省教委评为“优秀研究生指导教师”。

坚定的政治信仰，矢志不渝的追求，
新时期统一战线辛勤耕耘者

许廷星教授在教学、科研中成就卓著，与他在政治上的不懈追求是分不开的。早在 1945 年 12 月 16 日他就参加了中国民主建国会在渝成立大会。新中国成立前夕的 1948 年，许廷星教授在重庆正式参加了中国民主建国会，并与中共地下党组织保持着密切的联系，一直接受着马克思主义的教育和中国共产党的领导，积极参加对国民党反动派的斗争。1953 年，许廷星教授调四川财经学院工作后，与杨佑之教授一起组建民主建国会四川财经学院支部，在中国共产党的领导下，做了大量统一战线的工作，并以饱满的热情投入教学和科研工作。20 世纪 50 年代中期，因民主党派工作的需要，许廷星教授又参加了民革组织，但他仍经常关心民建组织的发展，并积极参加民建的组织活动。

从 20 世纪 50 年代中期起，许廷星教授在民革担任领导工作，先后担任民革成都市委会常委、副主委、主委，以及成都政协副主席、四川省政协委员等职，在中国共产党领导的多党合作、政治协商和参政议政中发挥了积极作用。

早在 1957 年四川省政协第一届第三次会议上，他就与吴世经教授联名撰写了“办好高等业余教育”的专门提案，强调高等教育应紧密结合实际，高校与企业、部门、单位相结合，才能适应经济建设的需要，才能早出人才、快出人才。改革开放以来，许廷星教授把学术研究与参政议政结合在一起，密切关注四川省、成都市的经济建设和社会发展情况，关心西南财经大学的教学改革与发展，

多次写出有较高质量的提案，受到有关部门的高度重视。特别是许廷星教授非常关心民革的思想建设和组织建设，注重年轻一代的培养，尽可能把年轻同志推向参政议政的前台，同时又不放松对他们的教育与引导。在许廷星教授担任民革成都市主委和成都市政协副主席期间，正值“六四”政治风波爆发。许廷星教授凭着对中国共产党的无限信赖和忠诚，多次召开民革成都市委会会议，学习中共中央有关文件，要求民革同志在大风大浪面前能够经受考验，要旗帜鲜明地拥护中国共产党的领导，维护社会的政治稳定。

1997年9月，许廷星教授不幸因病逝世，终年85岁。他的逝世对于成都市统一战线工作和成都市民革是一个重大的损失。民革中央发来唁电，《团结报》《成都晚报》等媒体发了讣告；四川省人民政府、成都市人民政府、四川省统战部、成都市委统战部、四川省财政厅、四川省国税局、四川省地税局、成都市财政局、成都市国税局、成都市地税局、民革四川省委会、民革成都市委会、西南财经大学党委及行政等约20个部门和单位的领导同志在蒙蒙细雨中参加了许廷星同志的遗体告别仪式；许廷星同志的学生及亲友数百人为他“送行”，场面十分感人。这正是党和政府以及社会各界对许廷星教授忠诚党的教育事业和统一战线事业、高风亮节、严于律己、宽以待人、严谨治学、精心培桃育李、为人师表之楷模的充分肯定。许廷星教授的优秀品质永留人间，成为激励广大民革成员和广大学子后生的宝贵精神财富。

（1999年张合金执笔）

怀念慈父许廷星

——纪念“国家分配论”创立60周年

许蓉

序

2017年，“国家分配论”问世60周年。社会前进，历史发展，年轮飞转了60圈。可是，历史不会忘记，人民不会忘记，这一理论对财政学界的重大贡献，也不会忘记这一理论的创立者——我的父亲许廷星。父亲在教育战线上辛勤耕耘了半个世纪，其学术、教育成果，自有学术界去评说，那“不唯上，不唯书，只唯实”的科研精神自有他的学生去传承，我想记录下来的，是一个女儿心目中的父亲。

都说父爱如山，而我心中的父爱远重于山，父亲就是我的天，是我最崇拜的人。父亲离开我们快二十年了，可是我心中珍藏的回忆，却越来越温暖越来越鲜明：他坐在书桌边，凑近那台用了多年甚至有些破旧的台灯，专注地翻阅书籍，批改论文的身影；他坐在那把藤椅上，带着满足的微笑静静地看着我们谈笑嬉闹的情景；我每次离家时他那让我心痛的眼神，都已经深深地刻在了我心里。其实，父亲从来没有离开过我，他每时每刻都在我的身旁，用慈祥的眼神守护着我。

父亲的书柜几乎保持原样。母亲把他的获奖证书和奖品也装了进去，满满的，全都是父亲的遗物。我一年回去一次，打开书柜，一股熟悉的气味扑面而来，把我带回到过去的岁月。

叛逆者

父亲出生在一个以“耕读传家，世代书香”为家训的封建家庭。从小饱读诗书，写得一手好字，可惜见过他字的人不多，一个偶然的机会留下了他的两幅墨宝。父亲一生两袖清风，这两幅字正如他谦虚谨慎的人品一样，是留给我们的至珍至贵的文化遗产。

爷爷许海卿，是个读书人，当过私塾先生，擅长书法，经常有人求他写匾和对联，听说乐山大佛寺至今还有他的墨迹。后来与人合伙开煤矿，凡有盈利即用来购买土地，土改时被划为地主成分，地契钱财全数充公，关押交代余财期间病死，亦有说饿死，到底是病死还是饿死已无法考证。

父亲从未对我说起过爷爷，也许是感情复杂的缘故吧。我在父亲的笔记本里发现了这样一段话："我虽出身于地主阶级的家庭，但我对这样反动的家庭并无所留念，我厌恶这种靠剥削过生活的家庭，我今天更鄙视这种家庭，更认识清楚了我家庭所过剥削生活的罪恶。"父亲是老幺，还有两个姐姐一个哥哥，哥哥毕业于四川大学数学系，后回乡做了数学教师。因和爷爷共同生活，土改时被划为地主成分，他的几个儿女都失去了上学的机会。父亲见哥哥的儿子许溯善天资聪颖，勤奋好学，就把他接到重庆，供他上了大专，毕业后在成都仪器厂当了几十年工程师。我的这位叔伯哥哥，同辈人中排行老七，我们都称呼他七哥。他对我父亲的感情，绝不亚于我们这些子女。

父亲很早就接受了新思想和马克思主义，他的书房里全是马克思的《资本论》《哲学之贫困》、马克思和恩格斯的《共产党宣言》、布哈林的《史的唯物论》、郭沫若的《政治经济学批判》、恩格斯的《家族私有财产及国家之起源》等进步书籍。父亲的书房是孕育革命思想的摇篮，他姐姐的儿子们经常溜进他的书房偷偷阅读，后来参加了中国共产党，成了地下党员，他们都承认幺爹（我父亲）是他们接受新思想的启蒙人。听乐山来的远亲讲，土改抄家时，家里被挖地三尺，但工作组看了父亲的书房后马上封存，明令没有政府的许可不准动一纸一笔。亦有另一种说法，七哥当时住在老家，见到很多农民见啥拿啥，珍贵书画毁于一旦，重要文献丧失殆尽，郭沫若赠送父亲的对联也是在那时不明去向的。

父亲最受爷爷奶奶的宠爱，也最有叛逆精神，大学毕业后即靠工资生活。听母亲讲，爷爷奶奶见母亲知书识礼、善于女红，还会管家，很是喜欢，曾想留她住在家里，劝她不要跟着父亲在外受苦。可是，母亲虽然成长在封建家庭，却也是女高毕业的知识女性，她向往新生活，对剥削生活没有半点留念，毅然决然地跟父亲一起离开了封建大家庭，自食其力当了一名小学教师。母亲和父亲风风雨雨相守了几十年，养育了四个子女。父亲去世前两年，电视台为父母亲举办了金婚典礼。我从未见过父母卿卿我我，曾以为他们是平淡夫妻。父亲去世后，母亲说了一句话让我很吃惊，她说："我的人生也完了！"要不是亲耳听闻，绝不敢相信要强的母亲会说这样的话。突然发现父母的感情非常深，深得让人感动。

淡泊功利

那些参加了地下党的侄儿侄女们，新中国成立后都成了共产党的中级干部或高级干部，可是父亲却成了一个"臭老九"，从不攀权附贵的父亲渐渐与他们失去了联系，至今仍与我家保持亲密联系的只有七哥许溯善。其实父亲也有当官的机会，新中国刚成立时，刘伯承亲自签署任命他为西南财政委员会财政处处长。西南财政委员会撤消后，拟任命他为重庆市文化局副局长，他自己放弃了副局长的职位，主动来到四川财经学院（现西南财经大学）当教师，从此专心致力于财政学的研究，为我国的财政学理论做出了重要的贡献。我很庆幸父亲选择了学术研究这条路，不然就不会成为“国家分配论”的创立者。这个选择也是必然的。父亲在新中国成立前就关心国家的财政问题，经常在媒体上撰文揭露和抨击国民党的财政金融政策，是他的价值观做了这一抉择。而且，父亲秉性善良为人厚道，认死理不会变通，适合做学术研究，而不适应风云变幻的政界。

一本封面破旧的学习笔记，纸张已经发黄，所幸页数齐全，笔迹清晰，记载了父亲在 20 世纪 50 年代写给党组织的入党申请书和自传，让我了解到许多事实真相。父亲一生都在追求进步，他亲眼看到国民党的腐败，厌恶旧家庭的剥削生活，同情劳动人民，支持共产党，做了很多有益于人民、有益于党的事。中学时代参加了共产主义青年团，书籍衣物被校方搜查没收，并受到国民党反动派的追捕；积极投身于抗日救亡运动，发传单贴标语、发展进步同学参加抗日后援会；为了掩护上级派来的同志，出资让其扮作卖纸烟和糖果瓜子的小贩；高中时为抗日学生进步组织代售杂志等，曾受到反动分子的怀疑和监视，还受到反动教官的威胁；就读四川大学经济系期间活跃于抗日宣传队，曾去看望入狱的地下党同学，并接济棉被和零用；毕业后被四川省银行录用，抗战胜利后兼任重庆相辉文法学院经济系和重庆正阳法商学院经济系副教授及教授，还担任重庆《大公报》经济栏主编，撰写经济社评；内战时期因批评国民党的财政政策而受到警告。对共产主义的信仰影响了他一生，新中国成立后父亲多次提出入党申请，可是组织说，留在党外比在党内起的作用更大，因此他一直没能成为一名中国共产党党员，父亲也许是带着遗憾离开的。以前我不理解：不想当官入党干什么？现在才从日记中读懂他，原来是一种从青年时期就追求的信仰，现在的年轻人可能很多都不会明白。

1997年9月29日晚11时40分，父亲带着对财经科学的深深眷念和一生的辛劳疲惫静静地长眠了……中国人民银行总行，中国财政学会，民革中央团结委员会，省、市政协及其他民主党派送来了花圈，各兄弟院校和财政学界的著名专家学者纷纷发来唁电，《成都晚报》《光明日报》相继发了讣告，沉痛悼念为中国财政学界做出了重大贡献的经济学专家。时任成都市委书记王少雄、市政协主席骆隆森、市委统战部部长王家善、西南财大全体领导同志，以及从全国各地专程赶来向他告别的博士研究生、西南财大的师生、生前友好等数百人出席了告别仪式。我想，这足以告慰父亲的在天之灵，且也算是党和人民对父亲的盖棺论定吧。

桃李不言，下自成蹊

"文革"前，成都每年举行国庆庆典，父亲都要上皇城（现人民南路）观礼台观礼，回家时神采奕奕，胸前别着一张大红长条纸，下面剪成两个角，上面写着"观礼证"三个字。那时我还是个小女孩，仰视戴着大红观礼证的父亲，如同见到电影中的英雄，对父亲的崇拜，也许就是从那时开始的吧！

父亲不是一个能言善辩之人，他做人低调，学问高深却从不夸夸其谈自我吹嘘，正如他经常告诫我的那句话：大智若愚。"文化大革命"开始后，父亲的笑容消失了，他变得日益沉默，校园里红卫兵的口号声响成一片，每天都有“资产阶级学术权威”被批斗，女教授被剃成了阴阳头，男教授被戴高帽游校园，甚至有些子女开始写父母的大字报。父亲在房里踱来踱去，显得心情沉重。由于精神抑郁，他在“文革”期间得了严重的支气管哮喘，有几次甚至晕倒。万幸迎来了改革开放，父亲才能把余生贡献给祖国的教育事业。

“文革”结束后的一天，突然有个海军军官模样的人来访，那天正好我也在家，亲眼看到了那百感交集的场面。只见那军官伸出双手激动地叫了一声：“老许！”父亲怔在了那里，像是回到了久远的过去，突然他眼睛一亮：“老张！”猛地疾步向前紧紧握住了来访者的双手，然后两个双眼湿润的男人久久地拥抱在了一起。我不知道是怎么一回事，但也被这个场面深深地打动了。后来听他们的交谈才知道，来人叫张启钰，是父亲在四川大学读书时的同学，中共地下党员的身份暴露后，是父亲送给他盘缠撤离，后来他参加了重庆舰起义。由于他撤离川大后的一段时间与组织失去联系，“文革”中被关进牛棚受到审查，平反后第一个想见的人就是我父亲。这件事情父亲从来没有提起过，如果没有张启钰的来访，也许永远不为人知。父亲一辈子谦虚谨慎，从不吹嘘自己的功德来换取名利，我理解他，更崇拜他的高尚人品。

父亲还有个四川大学的同学叫彭绍庭，在学期间是中共地下党员，新中国成立后在一个单位任党委书记。因三年困难时期忍受不了饥饿开了一个家庭小旅馆，被开除党籍，撤销党内外一切职务，并因此而失去家庭幸福。我还清楚地记得，那时候彭叔叔经常孑然一身来我家蹭饭，一进门就叫：“胖子！胖大嫂！”父亲年轻时偏胖，大学时要好的同学都这样叫他。彭叔叔最喜欢吃的是萝卜炖棒子骨，那时的棒子骨根本没什么肉，但是萝卜和汤却鲜美。彭叔叔咬一口滚烫的萝卜，大赞一声："烫得好！"引来父亲一阵快乐的笑声。透过热腾腾的蒸汽，看到彭叔叔的脸由蜡黄变得红润，他和父亲谈笑着，自然而亲切，这一幕定格在我幼小的脑海中，随着大脑的成长而变得愈发深刻。他们年轻时曾有过共同的追求和理想，仅此一点便足以超越世俗的偏见，毋庸讳言，这种友谊是崇高的。而对落魄的彭叔叔而言，父亲的家是他唯一的温暖去处吧。

父亲几十年如一日的沉静稳重、随和大度。不论是学校的教职员工还是邻居，不管是大人还是小孩，他的态度都是那么和蔼可亲。父亲在西南财经大学工作几十年，学识人品都有口皆碑。父亲的追悼会后，有一位老前辈激动地对我说："我在西南财大工作几十年，从未见过许老这样壮观的追悼会，自发地来了那么多的人。"

学习笔记里，还记载了1952年7月"三反"后的思想总结。其中有这样一段话："不善于运用批评与自我批评的武器，在头几次批评与自我批评的时候，别的同志对我提意见，有条有理，如数家珍，到我提别人的意见时，由于我平时粗枝大叶，没有掌握住别人的工作、生活学习和思想情况，临时搜索枯肠，结果一条意见也提不出来，提出来也有点不痛不痒，不着边际。"看到这里，父亲的窘态栩栩如生地浮现在我眼前，这是他为人处世的真实写照，不是刻意装出来的，而是一个善良厚道的人自然流露的本性。父亲对所有的人都充满善意，说话时面带微笑声音平和，从未与人红过脸高过声，更没有恨过谁。他的眼里装不下别人的缺点，心里留不住恨。当我自己经历了许多之后才明白，像父亲那样与人为善，需要多么开阔的胸襟才能做到啊！他经常告诫我：“退后一步自然宽。”可惜我没有遵循他的教诲，以至在人生的路上摔了很多跟头。

在父亲眼里从来没有高低贵贱之分，对地位高于自己的人从不巴结讨好，对劳动人民则尊重谦和。三年困难时期，父亲在洪河公社下放过。一天，有个农民找到家里来，说是洪河公社的，当年曾救过我父亲的命。父亲一时反应不过来，来人提醒说：“你忘啦?有一次你遇到一条蛇，是我帮你打死的。”父亲听后笑了说：“对了，是有这么回事。”然后拿出一些钱来递给来人说：“谢谢你，这是一点心意。”母亲说：“你不认识来人，为什么给人钱呢?”父亲说：“那么远来一趟不容易。”我知道，父亲是对他劳动过的那片土地和那方人有深厚的感情。

母亲常说：“你爸爸走路都害怕踩到了蚂蚁!”虽然，这话说得有点夸张。不过，父亲确实宅心仁厚，胆小怕事。经常告诫我们不要在外面看热闹，不要与人发生争执。可是，当我遇到什么难事时，父亲总对我说：“别怕！有我在，谁也不能把你怎么样!”奇怪的是，文弱的父亲总是带给我莫名的安全感。

父慈子孝

那时候，家里吃完饭就摆开棋盘，开始是两个哥哥联合大战父亲，后来是两个哥哥对弈，父亲在一旁观战。突然听到哥哥们大喊：“不准悔！不准悔!”，于是，便听到父亲快乐的笑声：“嘿嘿嘿”，那种热烈温暖的气氛真让人怀念!

周日，父母带我们去杜甫草堂或武侯祠游玩。平素安静言语不多的父亲，到了这两个公园后，话好像变多了，看着对联有时呈沉思状，有时读出声来；“能攻心，则反侧自消，自古知兵非好战；不审势，则宽严皆误，将来治蜀要深思”，还把意思讲给我们听。那时候我还是个小学生，听得似懂非懂，却也略知：即使是诸葛孔明也非完人，连年征战非以仁治蜀也。那段时间的生活很平静，感到一种浸润到心里的快乐温馨，让我留恋至今。

父亲从不打骂子女，话不多却一句重千钧，四个子女都非常尊重他、热爱他。我家四兄妹，物质缺乏的时候，家里有什么东西都分成四份，我从不挑选总是最后一个拿，每当这时，父亲就会笑眯眯地摸着我的头说：“还是我的大幺女乖。”得到父亲的赞扬，心里喜滋滋的，自然而然想要做得更好。父亲的这句话影响了我一生，从不与哥哥妹妹争东西，这是父亲教给我的美德。

也许是这方面的原因吧，父亲在四个子女中最疼我。因此，我有幸能跟父亲去参加政协的年会，跟他去看川剧，那时政协每月都要赠送戏票。我们这一代人喜欢川剧的不多，我就是那不多之中的一个，这是常和父亲看川剧培养起来的兴趣。记得有一次父亲事前把票给了我，还是小学生的我攥在手心里，走着走着不知什么时候就弄丢了。刚开演就有一个中年男子拿着票要求对号入座，父亲让我拿出票来，可我翻遍了口袋都没能找出来，方知弄丢了，显然是那个人捡到了我的票。这种情况下往往会争执起来。但是，父亲没有责难来人半句，立即要我让了座，叫我自己回家去，好在离家不远。戏没看成还孤零零地走回家，那个懊悔、那个委屈至今也没有忘记。

十多岁的时候，我特别爱看小说，看得入迷。母亲让我洗碗，我心不在焉地甩水，碗也落地摔碎；母亲让我看着炉子上蒸的饭，我沉迷于书中世界，忘得一干二净，母亲回来一看，锅已烧得通红，从此再不敢让我做任何家务。父亲常对我说："看 30 分钟就要休息眼睛，不要看成近视眼了！"我记不住，父亲就来提醒我："休息会儿，出去看看远处。"有时见我没有开窗，赶忙过来帮我打开，真是无微不至。父亲的关怀没有白费，我现在 63 岁，两只眼睛都是 1.5，而且几乎没有老光。前两年去医院检查眼睛，护士吃惊地说："你不会是熟记了视力表吧？"倘若父亲天堂有知，一定很欣慰。

父亲很爱整洁，任何场合都穿戴得整整齐齐，从未见过他衣冠不整。他的言谈举止温文尔雅，几乎所有见过他的人都留下深刻印象，说："你父亲气质非凡！"我的中学老师对我父亲记忆最深的一件事是：父亲和她谈话时咳了一口痰出来，附近没有痰盂，父亲便从衣服口袋里掏出叠成四四方方的手巾，打开来轻轻接住嘴里的痰再叠起来。父亲年轻时爱穿白色西装，后来穿蓝黑灰三色中山装。不论穿什么都有大家风范。父亲 80 岁生日时，我买了一件他喜欢的深蓝色细呢子短大衣，从日本寄给他。那时他已被脑血栓击倒，试穿后高兴地说："刚好合身，她咋知道我的尺寸！"父亲把衣服的面料捏了又捏，说："好面料，现在穿可惜了，等病好了再穿。"可惜他再没有机会穿。我知道，父亲高兴的是：衣服是女儿买的。每每想到此事，就追悔莫及：为什么早没有想到买给他？那时我满脑子都是工作和孩子，现在才饱尝子欲养而亲不待的苦痛。

父亲是个地道的四川人，可特别爱吃面食。那时为了母亲上班方便，我们和母亲住在财大的城里宿舍宽巷子，父亲平时住在大学校园内的教工宿舍，周末才回家。每年寒暑假我都要去大学校园住，周末和父亲一起回家。在将军衙门站下了公交车，车站旁就有一家小小的山西刀削面馆，客人坐了满满一屋，显得很拥挤，好不容易找到座位坐下来，热气腾腾的刀削面端上桌，面上浇有炒得香脆的肉哨子，还有绿油油的豌豆尖，面嚼起来特别筋道，是我吃过的刀削面中最好吃的。几十年过去了，别说面馆早已无影无踪，连街道都改变了模样，街面扩宽了很多，两旁建起了现代的房子，可是，我至今也忘不了那个又小又旧却经常热气腾腾的面馆，忘不了和父亲一起吃刀削面的温暖气氛。父亲还喜欢吃水饺，我当姑娘时什么家务活都不会做，可为了让父亲在家里也能吃上饺子，我学会了做水饺，这是我感到特别欣慰的一件事。没想到，几十年后，在日本教日本人做饺子，还上了报。

父亲最爱吃的还是烧辣椒。肉厚的大青椒或红椒，放到火上烧熟之后去皮去籽，将椒肉撕成一片片，拌上酱油、醋、熟油辣椒、再加点糖调味，是父亲百吃不厌的佳肴。父亲的支气管哮喘严重后，母亲怕刺激他的咽喉引起哮喘，不给他做这道菜了。父亲有时趁母亲不在家偷偷烧辣椒吃，还拜托“刘关张”到大门口替他放哨。所谓的“刘关张”，是近邻三家各有一个男孩子，年龄相差不大，三人经常在一起玩，父亲见到他们就打趣：“桃园三结义的刘关张。”这件趣事，父亲去世多年后，“刘关张”还对我说起：“许伯伯烧辣椒吃，怕张老师回来撞见，叫我们到大门口放哨。”富有童心童趣的父亲真可爱！

父亲在三年困难时期下放过农村，回来后身体很瘦弱，母亲想法买到一只鸡炖了汤，事先告知我们；“这是给你父亲补养身子的，小孩子没有份。”饭桌上，四双小眼睛一直没有离开装鸡汤的碗，父亲慢慢端起碗来，快到嘴边时，看了看眼巴巴地我们，把端起的碗又放了下来，叹了一口气说：“不给孩子们吃我吞不下去。”结果还是一人一碗，一锅鸡汤眨眼之间见了底。此情此景刻在我幼小的心灵里，至今仍感到温暖，就像发生在昨天一样记忆犹新。

父亲最喜欢一家人热热闹闹团团圆圆，看着我们说说笑笑，看着我们高高兴兴地围着桌子吃得香，他总是满足地微笑着，满眼都是慈祥的父爱。我们四兄妹参加工作之后还是在家吃饭，不交伙食费好像是天经地义的事情。有一天在饭桌上，父亲对母亲说：“孩子们都回来了，多做点好吃的嘛。”辛勤持家的母亲终于恼了：“你以为有多少钱呢？这个大伙食团该散伙了！我管不了，谁来管?”无人请缨。最后推给了妹妹，妹妹平时要帮妈妈做家务，好像继承了母亲勤俭持家的美德。可是，那个月才 25 号就没钱了，妹妹忙不迭地交权，把母亲乐得呵呵笑。从此后明白了，要喂饱我们几张嘴不是易事。其实，父亲去世前的基本工资也就一千多元，教师提工资是在进入 20 世纪以后。

我可以毫不夸张地说，父亲一生从不把钱财放在心上，更没有做过金钱的奴隶，他直至去世也没有弄清过家里的存折还剩多少余额。在“向钱看”的今天，更是找不出几个像他那样清高的人了。

书生意气

我家四兄妹，有三个都经历了上山下乡。大哥是“文革”前的大学生，被分配到专业完全不对口的县级企业，后来考上了四川省抗菌素研究所，成为一名研究员。二哥上山下乡时，母亲不舍地说："我养他!"可是父亲坚决地说："跟着党走没有错。"于是，二哥成了上山下乡的知识青年。之后又轮到我，当时大专院校的子女都被下放到高寒山区。父亲沉默了一段时间，最后还是服从了政府的安排。他说，"当社会青年没有出路，还是要跟党走。"于是，1972年我被下放到雅安专区荥经县。那是个在三年困难时期很出名的县，因为本来就遭灾，县长还谎报产量，导致很多人饿死，有的农家甚至绝户。县长因此被绳之以法。那时候，父亲三天两头寄一卷《文汇报》给我，隔一天必能收到他一封信，千叮咛万嘱咐，关爱之情溢于言表。内容无非要我虚心接受贫下中农的再教育，争取尽快得到"毕业证书"，还有就是要注意安全、注意身体健康。半年后，我参加公社的文艺调演，被借调到县文工团，父亲的报纸和信还是没有间断过。

不久，我被推荐参加1973年的高考，我觉得试题非常简单，不到时间就交卷，监考的县中老师都在传："县宣报幕的知青要上学了!"可是，张铁生的白卷打破了我上学的美梦，因为我正好属于那种劳动时间短、考试成绩好的"白专"典型。据说那次高考成绩越好越不敢收。从希望高峰跌落到失望底谷，我消沉了好些天。父亲回信了，不要灰心！还有机会！其实，他也许比我还难受，只不过担心我一蹶不振，故作乐观罢了!

我想买把小提琴，父亲接信后即汇款给我。男孩子们都私下议论，说我在成都肯定有男朋友，而且是有工作的。有人假装无意间问起，我说是父亲寄来的，谁都不相信。这攀山涉水要一个多星期才能到达的父爱，给刚离巢的我，带来无与伦比的温暖和强有力的支持。这条连接我们父女的文字纽带，一直延续了3年零10个月，直到我结束知青岁月调回成都。

我当知青期间，父亲只要看到家里人浪费就会说："知青辛勤劳动一天才能挣两毛钱，你丢掉的是他们一天的工分。"后来有关系的人一个个都调回了成都，父亲也开始着急起来，日夜为我担心，成天坐在书桌前的那把圈椅上，双眉紧蹙，闭目沉思。有次跟一位老同事提起我，还流下了眼泪。后来请学校的知青办出面才脱离了县宣，回到生产队务农一年多，才终于被调回了成都。可进的却是一家比农村还要艰苦的纺织厂。1977 年开始恢复高考，我还在厂里当三班倒的生产小组长，也去应试并上了分数线，参加了体检，厂里都在传：某某人要上大学了。1977 年高考分数没有公开，我有些担心，要求父亲为我找关系。可是父亲生气地说："这是'文革'之后第一次恢复高考，大报小报都在宣传强调杜绝开后门，我怎么能够反其道而行之，去破坏党的招生政策呢?"结果我没被录取。事后请招生办的老师去查，才说我有两封黑信，那种情况下没有时间核实，被搁到了一边。与 1973 年那次形异质同，有时候让人不得不相信命运的安排。这一次父亲用沉默代替了语言。单位的党组织找我谈话了，"上大学不是唯一出路，你不要辜负组织对你的培养!"一句话挽救了一个儿近崩溃的年轻人。后来我入党提干，在职读了电视大学中文专业，父亲那个高兴劲儿就毋庸赘述了。二哥在财贸干校（后与省委党校合并）入了党时，父亲也高兴地说，"现在我们家有两个党员了"。

1986 年年底，当父亲听说我以陪读身份去日本时，很不情愿，担心地说："你放弃在中国的社会地位和经济地位，去当家庭主妇有什么好?"不过迫于夫妻两地分居的现实，还是让我去了日本。

行前一再嘱咐："万一遇到什么事，赶快到大使馆去要求保护，就说你是共产党员。"光阴似箭，这一去就是30年。第一次携子回国探亲是六年后，我在日本筑波大学取得了地域研究（比较文化）硕士学位，就职于一个与中国关系友好的桥梁设计公司，为厦门海沧大桥这个项目提供技术咨询服务。就在我最忙的时候，父亲病倒了，儿子年少，我牵挂着两个最亲的亲人，在大洋两岸穿梭。我曾经希望父亲和母亲来日本住一段时间，一是便于治疗、二是免得我两头牵挂。可是，父亲连想都没想就坚决地说："日本有什么好？我不去！"这就是我的父亲！几十年了一点也没有变，他爱这片生他养他的土地，爱得死心塌地。他放不下他的学生，放不下他的财政经济研究，放不下他辛勤耕耘几十年的光华园。

子欲养而亲不待

懂我者莫过于父。有委屈走到他面前，未曾开口，眼泪便像断了线的珠子般落下来，一面说一面哭，说完哭完心里感到特别舒畅，就好像事情解决了一样，从小到大都这样。父亲总是静静地听，脸色总是那么平和，眼神总是那么慈祥，从不中途打断也不指责教训，事后提出几条参考意见让我考虑。他对我的理解和包容，无人能及，即便母亲也不能代替他。他卧病在床期间，我几次利用出差之便回国探望他。不过每次只能短暂地停留三五天。有一次，在病房里陪伴父亲时，又有朋友来邀约我出去，父亲不太情愿地说："又要出去啊？"我说："坐在这里你又没有话说。"出口即悔，父亲沉默了。第二天当我离家去机场、向父亲辞行时，他看着我，一动不动，说不出一句话来，眼里全是不舍。瞬间，愧疚、心痛一齐涌上心头，一时间泪如泉涌。我是一路哭到机场的，到了机场立刻拨通了家里的电话，听到父亲熟悉的声音，叫了一声“爸爸!”便泣不成声，我断断续续地哭着说：“对不起，我不该顶撞你，请你原谅我!”父亲用熟悉的语调说：“唉，做父母的哪会记恨自己的孩子呢!”

1997年9月底，父亲走了，带走了全部的爱。我没能见他最后一面，甚至没能参加他的追悼会。我一面哭一面写纪念他的文章，写完已泪流满面，满纸都是自责和悔恨。那时我想向父亲的在天之灵，也向天下人诉说我无尽的哀思。自父亲离去后，我再也不能像以前那样落泪了，泪腺好像干涸了。母亲去世时我也没能哭出来。有时候憋屈得快要喘不过气也哭不出来，无数次地想：要是能像以前那样痛痛快快地流泪多舒畅啊！当我的儿子成家立业，自己也退休赋闲之后，老是想起我的父亲母亲来，他们对子女无私的爱，他们的教诲，他们的音容笑貌，总是让我情不自禁泪湿眼眶。

父亲看报纸的模样经常浮现在我眼前，年轻时戴着眼镜看，老了之后取下眼镜看，看得仔细专注，逐条逐句地看，重要文章还剪下来保存。特别是晚年，父亲患了白内障，看报纸的时候眼睛就睁得特别大，看得吃力而专注。母亲是个小学教师，也是四个孩子的母亲，其中的艰辛可想而知，平日里不免唠叨，父亲总是专心读他的报纸，绝不对答一句，实在听得不耐烦了，就放下报纸说一句：“哎呀，你不要这么唠叨行不行?”母亲一看父亲“生气”了，就停止了唠叨。父亲从未对母亲红过脸，更没有听他们吵过架。我感谢父母亲给了我们一个和睦的家庭，让我们充分享受了家庭的温暖和幸福。特别是在父亲晚年，经常对我们说：“你妈妈辛勤操持家务，我的成功有一半是她的功劳。”真应了“家和万事兴”这句名言。

父亲不仅是个优秀的学者，还是一个好丈夫、好父亲，他是我见过的人当中，最有学识，最谦虚、最厚道、最无私、最善良的人。如果有来世，我还做父亲的女儿。我衷心地感谢上苍让我拥有这样一位父亲，也为自己是父亲的女儿而自豪。当我走过大半个人生，见识了形形色色之后，才刻骨铭心地体会到：父亲留给我们的点点滴滴都是金！

2017年3月28日于日本